BLÁ BLÁ BLÁ

MARKETING SEM

Alain S. Levi

BLÁ BLÁ BLÁ

MARKETING SEM

INSPIRAÇÕES PARA A
TRANSFORMAÇÃO CULTURAL
NA ERA DO PROPÓSITO

ns

SÃO PAULO, 2024

Marketing sem blá-blá-blá: inspirações para transformação cultural na era do propósito
Copyright © 2024 by Alain S. Levi
Copyright © 2024 by Novo Século Editora Ltda.

EDITOR: Luiz Vasconcelos
GERENTE EDITORIAL: Letícia Teófilo
COORDENAÇÃO EDITORIAL: Driciele Souza
EDITORIAL: Érica Borges Correa, Mariana Paganini e Marianna Cortez
PREPARAÇÃO DE TEXTO: Francine Castro Delgado
REVISÃO DE TEXTOS: Angélica Mendonça
PROJETO GRÁFICO E DIAGRAMAÇÃO: Dimitry Uziel
ARTE DE CAPA: Ale Valdivia
COMPOSIÇÃO DE CAPA: Ian Laurindo

Texto de acordo com as normas do Novo Acordo Ortográfico da Língua Portuguesa (1990), em vigor desde 1º de janeiro de 2009.

Dados Internacionais de Catalogação na Publicação (CIP)
Angélica Ilacqua CRB-8/7057

Levi, Alain S.
   Marketing sem blá-blá-blá: inspirações para transformação cultural na era do propósito / Alain S. Levi.
   -- Barueri, SP : Novo Século Editora, 2023.
   208 p.

   ISBN 978-65-5561-728-3

   1. Marketing 2. Propósito 3. Transformação social I. Título

23-6633   CDD 658.8

Índice para catálogo sistemático:
1. Marketing

GRUPO NOVO SÉCULO
Alameda Araguaia, 2190 – Bloco A – 11º andar – Conjunto 1111
CEP 06455-000 – Alphaville Industrial, Barueri – SP – Brasil
Tel.: (11) 3699-7107 | E-mail: atendimento@gruponovoseculo.com.br
.gruponovoseculo.com.br

DEDICATÓRIA

Este livro é o resultado de anos de vivências, reflexões, conversas, trocas, conquistas, realizações, tombos, decepções e, principalmente, de muito aprendizado. É fruto também de anos de leituras, pesquisas e anotações sobre o tema. Assim, busquei mencionar todos os que, com suas ideias e textos brilhantes, embasaram meu conhecimento no assunto.

Gostaria de agradecer ao amigo Elias Awad pela oportunidade e pelo incentivo a este trabalho. Muito obrigado também a Letícia Teófilo, Driciele Souza e todo time da Editora Novo Século pela parceria na jornada de viabilização deste sonho. É sempre prazeroso trabalhar ao lado de pessoas comprometidas e, neste caso em especial, ao lado dessas duas mulheres talentosas e empoderadas.

Não farei aqui uma lista de agradecimentos, pois tenho o hábito e o cuidado de expressar em tempo real meus sentimentos de gratidão a todos que me ajudam e inspiram ao longo de minha vida. A cada um de vocês, mais um superobrigado do fundo do meu coração.

Não menos importantes e também merecedores de menção são todos aqueles que me fizeram mal. O time dos que por meio de seus comportamentos medíocres e seus valores éticos e morais questionáveis – infelizmente tão presentes no mundo onde vivemos – aumentaram minha indignação com questões tão importantes para nossa sociedade e o futuro da humanidade.

O obrigado final vai, claro, para minha família: meus amados pai e mãe, que foram exemplo vivo de tudo que acredito ser nobre em um ser humano – pouquíssima gente no mundo é páreo para minha mãe quando o quesito é bondade e generosidade; meus irmãos e em especial minha musa, minha companheira de sonhos, e meus queridos filhos, dois grandes caráteres que me enchem de orgulho.

A piada lá em casa é de que não converso, estou sempre dando palestra. Em uma dessas brincadeiras, surgiu a decisão de escrever este livro.

"Como sugere o autor, cabe aos líderes empresariais a vontade legítima para mudar o jeito de se fazer investimentos e negócios, de forma escalável e sustentável para que todos se desenvolvam servindo, cuidando das pessoas e protegendo a vida no planeta, sem causar danos no processo".

HUGO BETHLEM
Cofundador e Presidente do Instituto Capitalismo Consciente Brasil,
Conselheiro de Empresas e ONGs, Advisor em ESG

"Eu adorei o livro, porque é exatamente o que eu acredito: não existe propósito, nem diversidade, nem inclusão, nem transformação, nem nada muito valioso, sem verdade. Super fácil repetir o que se aprende nos milhares de treinamentos e letramentos que fazemos quando imersos no universo corporativo. O desafio é viver isso tudo, de coração, com autenticidade. Uma marca com propósito só faz sentido se assim for seu DNA, se o discurso tiver lastro. Fora isso, blá-blá-blá. Um cansativo e repetitivo blá-blá-blá. Eu sou apaixonada por sempre buscar a verdade. Faz tudo mais simples, mais forte e mais emocionante."

CECILIA DIAS
Vice-Presidente de Marketing da Pepsico Brasil

"É uma satisfação saber que minha história impulsiona grandes passos. Essa satisfação se torna maior ao saber que este livro traz à tona a discussão sobre a importância de os profissionais de marketing explorarem um mundo que não necessariamente é deles. Refiro-me ao mundo das celebridades, que podem influenciar diversas pessoas, então que essa influência de transformação cultural seja algo que possa ser realmente efetiva, e não digo só para uma marca, mas para toda uma rede. Para que isso aconteça um profissional de marketing com esse olhar é essencial."

CELSO ATHAYDE
Empreendedor de Impacto e Inovação - Fórum Econômico Mundial.
CEO da Favela Holding. Fundador da CUFA - Central Única das Favelas.
Empreendedor Social do Ano 2020 - Folha. Empreendedor Social do Ano - IstoÉ 2018.

Com um amplo apanhado de ideias, teorias, pensamentos e experiências pessoais, Alain nos provoca a repensarmos nosso papel como gestores de marcas e destaca a importância do marketing na construção de uma cultura mais diversa, inclusiva e sustentável.

RODRIGO (VISSA) VISENTINI
General Manager & Vice-Presidente de Marketing Nutrition Brazil
da Unilever e Board Member

"Este livro é ótimo. No conteúdo e na forma; nas intenções e propósitos. Só tem um defeito: exagera nos elogios à minha pessoa. Mas isso dá pra corrigir nas próximas edições."

WASHINGTON OLIVETTO
Ícone da publicidade em todo o mundo,
um dos publicitários mais premiados de todos os tempos.

"Este livro é como um mapa para um mundo onde o marketing se torna uma força para fazer o bem: uma leitura inspiradora que nos guia na construção de um mundo melhor."

FABIO ALPEROWITCH
Fundador da FAMA Investimentos | Conselheiro da WWF-Brasil, Instituto Ethos, Pacto pela Equidade Racial, LIFE Institute, Instituto Brasil Israel, Museu Judaico de São Paulo, Instituto Totós da Teté e Instituto FAMA.

"Um livro diferenciado desde sua concepção ao estilo de execução. O autor sempre se destacou e brilhou em tudo que fez. Admirável Alain"

JOSÉ VICENTE MARINO
Diretor Presidente Aché laboratórios farmacêuticos | Conselheiro Track and Field e Baruel | Conselho Instituto Akatu - consumo consciente

"Pensar uma nova sociedade é também pensar a forma como fazemos negócios. Dessa forma repensar o marketing é essencial e fundamental, como nos propõe o olhar do Alain em sua obra!"

RODRIGO SANTINI
Diretor Executivo do Sistema B Brasil | Colunista da Revista Exame | Vice Chair of the Board do Greenpeace Brasil

"O Alain é um empresário de sucesso que sempre demonstrou imensa vontade de causar impacto social por meio de seu trabalho. Em seus projetos de entretenimento e cultura dá espaço a questões sociais, ousando integrar mundos que normalmente não se integram. Quer saber mais a respeito? É simples: leia o livro."

WELLINGTON NOGUEIRA
Fundador da ONG Doutores da Alegria | Empreendedor social fellow da Ashoka | Ator pela American Musical and Dramatic Academy | Palhaço formado por John Towsen e Michael Christensen.

SUMÁRIO

INTRODUÇÃO — 11

CAPÍTULO 1
O marketing em minha vida — 17

CAPÍTULO 2
Redescobrindo meu propósito — 31

CAPÍTULO 3
Bem-vindo à era do propósito — 51

CAPÍTULO 4
A empatia, a compaixão e os movimentos de generosidade — 65

CAPÍTULO 5
As grandes causas e o *social impact marketing* — 81

CAPÍTULO 6
A geração da mudança: os fãs da geração C — 99

CAPÍTULO 7
Os *pop stars* do propósito e suas ideias inspiradoras — 117

CAPÍTULO 8
Cuidado com o *purposewashing* — 145

CAPÍTULO 9
Capitalismo consciente, ESG e marcas regenerativas: seus valores gerando valor — 165

CAPÍTULO 10
Dicas de cidadania e marketing na era do propósito — 191

PALAVRAS FINAIS SOBRE A CONSTRUÇÃO DE UMA NOVA SOCIEDADE — 203

INTRODUÇÃO

O mundo está de cabeça para baixo. A minha geração tratou de fazer um estrago quase irreparável, mas, felizmente, ainda existe luz no fim do túnel.

Em uma época na qual temos assistido a todas as histórias de ficção científica do passado se tornarem realidade, e estamos assustados com retrocessos nunca imaginados, decidi iniciar um processo de desapego: o abandono de todas convicções e certezas que havia acumulado ao longo da vida. Uma verdadeira faxina cerebral, no intuito de deixar meus pensamentos e minhas crenças voltarem a ser guiados pela paixão pelo novo, e não pelo medo e pela acomodação dos acertos antigos. Um verdadeiro reboot mental.

Espero com este livro, quase que um apanhado de ideias e experiências próprias relatadas em linguagem simples e coloquial, trazer para nossas conversas de dia a dia os temas mais relevantes da atualidade no campo do propósito. Almejo inspirar pessoas a redefinirem seus conceitos de cidadania e, de modo especial, profissionais de marketing a fomentarem um grande movimento de ideias e ações concretas que culminem na consolidação da era do propósito.

Acordo todos os dias com muito entusiasmo para transformar o meu país e o mundo, com ganas de lutar por uma sociedade mais justa, menos desigual e mais inclusiva, criando assim as bases para um verdadeiro salto civilizatório do povo brasileiro e da humanidade como um todo.

Nos últimos tempos foi desenvolvida uma incompetência institucional e coletiva, e fomos traídos por nossa soberba. Passamos a viver apegados a convicções – um grande erro, pois começamos a emburrecer justamente na hora em que nossas verdades viram absolutas, que nossos medos se reduzem a defesas psicológicas. Temos tanto conforto e orgulho de nossas crenças que nos tornamos míopes, anestesiados, quase cegos para os acontecimentos ao nosso redor. E notem que, com o avanço da tecnologia e a democratização da informação, não faltam em nossa vida oportunidades para a novidade e a transformação.

Tenho convicção de que, para evoluir, o aprendizado não é suficiente. O segredo é desaprender. Se é preciso curiosidade para aprender, é preciso coragem para desaprender. Educar-se é um exercício de humildade, um processo de admitir o que você não sabe. Já desaprender exige ousadia para reconhecer que talvez não saiba nada. Aprender é como você se desenvolve. Desaprender é como você evolui, como acompanha a evolução do mundo.

Sempre fui um questionador. Tento usar minha criatividade na montagem de cenários alternativos à realidade vivida. Funciono como um outsider . Incomoda-me imaginar que tenho de fazer algo porque todos o fazem, ser parte da manada, quando sinto que poderiam existir alternativas melhores para comportamentos vigentes e espaço para a renovação de modelos pré-existentes. Não admito supor que estou no mundo só de passagem e tento, quase de forma adolescente, ser do contra, na busca de minha identidade.

Fico intrigado quando vejo mentes desafiadoras se acomodando e pessoas se comportando de maneira similar à que ousaram criticar em algum momento de suas vidas. Assusta-me a capacidade do ser humano de desenvolver uma carapaça psicológica para problemas estruturais e existenciais. Com o tempo nos dessensibilizamos a situações tão inadmissíveis, como gente passando fome ou sem moradia, crianças sem acesso à saúde e à educação, seres humanos sofrendo bullying simplesmente por expressar sua identidade. Sem falar do meu inconformismo com a forma de tratamento de nosso lar, o planeta Terra, cada vez mais poluído, devastado por ganância, comodismo e descompromisso de cada um de nós. A triste banalização de tudo o que deveria ser realmente relevante.

Pergunto-me em que altura da vida perdemos nossa capacidade de sonhar e nosso espírito hippie de lutar por uma sociedade mais justa e um mundo mais digno. Quando nossos desejos mais puros foram contaminados pelos padrões sociais de sucesso e realização? Aprendi que é muito melhor se decepcionar com seus próprios sonhos do que ser moldado pelos sonhos dos outros.

Para Maquiavel, a maioria dos seres humanos não almeja realmente ser virtuoso. Por carência e fraqueza, focamos adquirir cada vez mais, enquanto protegemos o que já acumulamos. Nesse contexto, a bondade fica abandonada, porém causando conflitos existenciais. Recuso-me a aceitar essa versão de mim mesmo, e há muito tempo decidi viver uma vida que desafiasse essa teoria. Tento, de maneira programada e repetitiva, exercitar a compaixão, a generosidade e a empatia.

Assim embarquei nesse dificílimo processo de buscar um propósito maior em minha vida. Dá trabalho. Às vezes dá muita preguiça, além de um enorme receio de parecer lunático. Mas é assim que tem que ser. Sem frio na barriga não existe mudança efetiva. Para conseguir o novo, temos de testar nossos limites.

E para me ajudar a ter foco e aumentar minha motivação, defini um objetivo, um grande porquê: convenci-me de que preciso contribuir para consertar o que está errado em nosso mundo, pois tenho um compromisso crucial com as futuras gerações. Percebi o quão importante é esse desafio de redefinir minha missão e rever meus conceitos, principalmente por ter na família dois jovens (tenho filhos, um de 22, outro de 20 anos), representantes de uma nova geração sedenta por transformações sociais, por um mundo melhor, mais justo e igualitário, mas ao mesmo tempo tão carente de direcionamento, "colo", mentoria e gente mais experiente falando sua língua.

Temos a tendência de diminuir e desvalorizar o papel dos jovens, de nos apegarmos ao "na minha época seria diferente". Esse conflito é clássico. Aconteceu conosco, com nossos pais, com nossos avós. Estou tentando quebrar esse ciclo, rejuvenescendo minha cabeça e usando minha experiência na busca por atalhos para mudanças e inspiração para inquietos de plantão.

Respeito a diversidade e as opiniões distintas das minhas, por isso este livro é uma obra apolítica. Contudo, tenho uma visão muito simplista do ser humano, inspirada na obra *O homem em busca de um sentido*, do escritor austríaco e sobrevivente de campos de extermínio, Viktor Frankl, segundo a qual "na face da terra só existem dois tipos de pessoas, os seres humanos decentes e os seres humanos indecentes".

Este livro foi escrito para qualquer perfil de leitor, mas é perfeita para você que quer manter sua mente jovem e:

» é um agente de mudanças sensibilizado pelos problemas que assolam a humanidade e pronto para reinventar sua vida;

» trabalha em uma empresa que deseja contribuir para a sociedade e tornar o mundo um lugar melhor;

» busca uma curadoria de exemplos inspiradores de pessoas e iniciativas que têm o propósito como essência; ou

» está curioso sobre diferentes formas pelas quais propósito e negócios podem atuar juntos no mundo caótico em que vivemos.

Este trabalho é um grande apanhado de temas, assuntos,

conceitos e opiniões a respeito da era do propósito e da urgência das mudanças necessárias em nosso modo de vida. Sua missão é provocar pessoas a reverem seus conceitos de maneira a torná-las plenas e cocriadoras do mundo onde sonham viver, conviver harmonicamente com seus pares e, acima de tudo, que almejam deixar para seus descendentes. Mais especificamente para profissionais de marketing, como eu, é um convite à reflexão e à redefinição radical de nossa posição como peça fundamental no cunho de uma cultura regada a ética, autenticidade e muito propósito.

Chega de blá-blá-blá e mãos à obra!

Boa leitura!

o **marketing**
em **minha** vida

CAPÍTULO 1

Além de empreendedor e empresário, sou um marqueteiro profissional. São mais de trinta anos ajudando as maiores marcas e empresas do mundo a encantar e atender as necessidades de seus mais diversos públicos. A paixão pela disciplina surgiu intuitivamente em minha infância. Além dos desenhos animados, dos filmes da sessão da tarde e das novelas (sim, sou um noveleiro confesso), me percebi encantado pelos comerciais que passavam nos intervalos de meus programas favoritos. Já na adolescência essa relação amorosa começou a tomar corpo, fruto de minha curiosidade e do aprofundamento no assunto. Vivíamos uma época áurea da propaganda com grandes ícones, como a DPZ de Roberto Duailibi, Francesc Petit e Roberto Zaragoza; do prodígio Washington Olivetto; e da Talent, do memorável Júlio Ribeiro. As ideias geniais me inspiravam e faziam crescer em mim uma convicção: um dia trabalharei com isso.

Abro aqui parênteses para reverenciar o monstro sagrado e fora de série, Washington Olivetto. O Washington é muitíssimo mais do que a mente brilhante que nos presenteou com as campanhas do Primeiro Sutiã da Valisere, do Garoto Bombril, do cachorrinho da Cofap; mais do que o publicitário com mais prêmios em Cannes em todos os tempos; mais do que o primeiro não anglo-saxão a entrar para o Hall of Fame do One Club, de Nova York. O Washington é um deus do marketing, que generosamente doou seu talento e sua inteligência para enriquecer o patrimônio cultural de nosso país. No meu caso, tê-lo como referência foi meio caminho andado para meu sucesso profissional.

Por influência da família, fiz a graduação em administração de empresas, mas não desisti de meu sonho e terminei o curso com uma especialização em marketing e alguns estágios em agências de publicidade. O estudo só reforçou minha teoria de que havia mesmo nascido para a coisa. Passei a conhecer os meandros da matéria (sou do tempo dos 4 Ps do Kotler) e a vislumbrar como poderia trabalhar na área. Hoje já acrescentei alguns outros Ps à lista original, sendo os mais importantes deles: paixão, pessoas e, lógico, propósito. Para mim não existem marcas e seus times de marketing preparando estratégias de comunicação com consumidores, mas sempre, por trás de tudo, pessoas se comunicando com pessoas.

Quando formado busquei emprego na meca do marketing na época. Depois de um processo ultracompetitivo, fui contratado como *trainee* de marketing da Gessy Lever, atual Unilever. Pronto, aí começa minha trajetória profissional com um privilégio almejado por muitos, mas nem todos alcançam: trabalhar com o que se gosta. Esse é um fator muito importante na vida. Quanto mais amamos aquilo que fazemos, maiores as chances de aguentarmos os trancos e solavancos de nossa jornada. Minha passagem pela Gessy Lever foi muito rica. Aprendi de que modo marcas como Omo, Rexona, Axe, Seda e Hellmann's dedicam tempo, talento e recursos desenvolvendo planos criativos para surpreender seus consumidores. E conheci na prática outras ferramentas do marketing, que não a propaganda: promoções, convenções de vendas e planos de ativação de marca. Melhor escola impossível.

Estava feliz da vida e me tornando um marqueteiro de mão cheia. Em um belo dia participei de uma reunião de apresentação de um conceito recém-chegado dos Estados Unidos, o marketing de incentivos: campanhas de motivação e premiação para públicos internos (funcionários e equipe de vendas) e intermediários (revendedores, atacadistas, varejistas). Minha carreira deu a primeira guinada. Foi amor à primeira vista. Que bacana poder aliar as técnicas do marketing a uma pegada mais emocional, menos focada em produtos e mais nas relações humanas. Minha meta dali em diante, apesar de ainda júnior na empresa, passou a ser conseguir convencer meus diretores a lançarem a primeira campanha de incentivos da história da companhia no Brasil.

A tentativa foi frustrada e culminou em um passo importante na minha trajetória. Eu e mais três amigos da Gessy Lever, munidos de um misto de convicções e irresponsabilidade juvenil, decidimos pedir demissão e montar a In Brasil, uma das primeiras agências de marketing de incentivos do país. Tudo isso em uma das maiores crises econômicas que o Brasil já viveu, o Plano Collor. Imaginem vocês este modelo: recessão econômica, uma empresa recém-formada, sem clientes, sem funcionários e cinco sócios com pouca experiência e química. A empreitada fracassou, mas o sonho não morreu.

Após um ano muito difícil, mas de enorme aprendizado, nascia a Motivare. Agora com relativa bagagem e alguns projetos, eu e dois dos sócios originais – e grandes amigos de vida – nos sentíamos prontos para conquistar o mercado com nossas ideias frescas e dedicação incansável. E não é que o trabalho árduo começou a gerar frutos? Em pouco tempo conseguimos emplacar projetos para empresas de prestígio, como General Motors, Rhodia Farma, McKinsey, Laboratórios Roche, Hope Lingerie e a tão sonhada campanha de incentivo para a Gessy Lever. Melhor ainda, pelo grau de excelência de nossas entregas, além das ações de incentivo, surgiram também demandas para outros projetos, como de eventos e promoções de vendas.

Tudo parecia caminhar bem, se desconsiderássemos o preço que estávamos pagando pelo excesso de demanda, quase nenhuma estrutura e baixo nível de remuneração praticada por nós. Estávamos no limite do esgotamento. Mas, na minha cabeça, sempre a mesma convicção: se outros conseguem, deve haver algum jeito de fazer essa equação bater. Entregaria os pontos caso o problema fosse a falta de clientes, o que definitivamente não era o caso.

Seduzidos por uma irrecusável proposta de carreira promissora e experiência no exterior, meus dois sócios na época se mudaram para os Estados Unidos e deixaram a Motivare para trabalhar em um renomado banco. Como perceberão durante a leitura, adoro siglas e expressões idiomáticas e aqui uma muito recorrente em minha caminhada se fez valer: "Com limões faça uma bela limonada!". Importante deixar claro que somos grandes amigos até hoje, além de felizes e realizados pelas decisões tomadas em nossas vidas e carreiras. Serei eternamente grato e conectado aos meus irmãos Philippe Rosset e Gabriel Halaban.

Nasceu assim uma nova Motivare, que se transformou em uma das maiores e mais respeitadas agências de *experiential marketing* do mercado, responsável por *cases* memoráveis como a promoção OMO Mania (a maior da história da marca no país) e o lançamento do Internet Explorer (a chegada da Microsoft no Brasil), e que atende até hoje potências como Mondelez, Itaú, Unilever, SAP, Pepsico, entre outras.

Mais de trinta anos de legado em um período histórico tão rico em inovações serviram de inspiração para que eu escrevesse este livro. Sempre digo que minha geração nasceu com transistores no cérebro e teve de trocá-los por chips no meio do caminho. O ritmo das mudanças passou a ser alucinante; fui do grupo de pessoas que viu revoluções tecnológicas nascerem e morrerem. Quem não se lembra do fax?

Tive e tenho o privilégio de trabalhar com empresas de ponta, *love brands* e profissionais do mais alto gabarito – tanto em meu time como nas equipes de marketing de meus clientes. E assim me sinto realizado por ter participado ativamente do desenvolvimento do marketing brasileiro; porém, não totalmente satisfeito.

Já há alguns anos, com as mudanças exponenciais em nosso mundo em função da tecnologia e da facilidade de acesso à informação, passei a me perguntar se o marketing estava realmente desempenhando o seu real papel. Será que a atividade está se reciclando? Será que os profissionais estão conscientes da necessidade de reverem suas agendas? Será que estamos respeitando a inteligência de nossos consumidores? Será que estamos sendo responsáveis em nossas mensagens? Será que nossas práticas têm contribuído para uma sociedade mais igualitária e para a preservação de nosso universo? Os "serás" não paravam de se reproduzir em minha mente. Cheguei à triste conclusão de que, ao nos apegarmos a modelos vencedores, havíamos nos distanciado da nossa verdade, de nosso propósito. Fora pouquíssimas exceções, os projetos de marketing estacionaram no tempo. O foco exclusivo e desenfreado em crescimento e retorno aos acionistas fez do marketing um fim, e não um meio. Sabe aquela piada de que todos os marqueteiros deveriam ir direto para o inferno por usarem seu talento e viverem da venda de falsas promessas para seus consumidores? Será que chegamos nesse estágio?

Voltando às origens, um produto só existe com a finalidade de atender uma necessidade específica de um grupo de pessoas. Para nos alimentarmos, temos alimentos e restaurantes; para nos locomovermos, meios de transportes; para nos vestirmos, roupas; para nos comunicarmos, meios de comunicação; para nos divertimos, lazer e entretenimento; e assim por diante. A essência é simples, mas com o desenvolvimento e a competição nos mercados, o marketing conquistou seu espaço. Um conjunto de técnicas imprescindíveis, a fim de diferenciar meu produto e encantar os consumidores. Até aí tudo claro. As coisas começam a traçar rumos estranhos no momento em que nos esquecemos dessa questão básica e passamos, na busca por objetivos financeiros, a utilizar o marketing meramente para a criação de uma demanda fictícia. Empresas, marcas e profissionais desse segmento devem entender seu real papel na construção de uma realidade mais inclusiva, ética e sustentável em nosso planeta e na sociedade – e isso inevitavelmente passa por um marketing que permeará todas as questões do propósito. Além de atender às necessidades triviais do consumidor, os produtos deverão ampliar o escopo de sua função e usar o marketing para revelar os meandros de sua alma, de sua conduta comunitária. Esse processo será um grande aprendizado e muitos acidentes de percurso acontecerão até que se chegue a um formato atualizado.

Sugiro aqui uma reflexão: de que vale a conquista de valores financeiros sem a transparência dos valores éticos? E quando falamos de ética é importante olharmos para o próprio umbigo. Deixo aqui um registro sobre o crítico momento pelo qual passa o marketing no que tange ao respeito e à valorização da atividade. A maioria das companhias, em seu movimento de regeneração e políticas de ESG[1], está se esquecendo de incluir no escopo de boas práticas a preservação das agências prestadoras de serviços de marketing. Nosso mercado tem sido massacrado por agressivos departamentos de compras que, em busca de suas metas de *savings*, tratam nosso valioso ofício como *commodity*. Os processos de concorrência são insanos e predatórios e as margens e os prazos de pagamentos aplicados têm dizimado fornecedores e seus times de trabalho.

Já enquanto reflexão positiva fica a valorização de um nicho que até muito pouco tempo atrás era visto como patinho feio: o endomarketing. No pós-pandemia, pode-se perceber a importância de

---

[1] Do inglês, Environmental, Social and Governance; refere-se às práticas ambientais, sociais e de governança.

investir no ativo "pessoas". Os times internos têm expandido seu papel de colaboradores e, neste mundo descentralizado, atuam como grandes embaixadores das marcas, *influencers* internos e guardiões da cultura e do DNA das companhias. Hoje os projetos de endomarketing têm se tornado mais estratégicos e representam significativo diferencial para atração, desenvolvimento e retenção de talentos.

Do meu lado, para me ajudar a navegar neste complexo mundo do propósito, tenho acompanhado diversas newsletters, workshops e eventos da área, entre eles o Sustainable Brands (https://sustainablebrands.com), coordenado por uma associação americana engajada em desenvolver novos *frameworks* para marcas e profissionais que desejam se tornar mais inovadores e sustentáveis. Um ambiente de trocas com líderes do setor que me fornecem informações valiosas e orientações práticas sobre como construir uma marca mais atual e comunicá-la com eficiência a meus clientes, causando assim um impacto real na sociedade. Uma oportunidade de encontros com criadores de conteúdo, influenciadores e especialistas em marcas para discussão de possibilidades e desafios para criar estratégias, aprender a implementar transparência e autenticidade em campanhas e edificar movimentos destinados a uma mudança cultural duradoura.

Muitas empresas já se movem arduamente para reformatar o seu marketing e fico orgulhoso de estar fazendo parte desse processo. Acompanho de perto algumas delas e seu compromisso em respeitar e difundir práticas mais sustentáveis, diversas e regenerativas entre todos os seus *stakeholders*. Trabalho com gigantes como a Mondelez, de Liel Miranda, que adota o propósito no marketing de suas marcas e ações sustentáveis em todos os seus eventos. O Itaú, por meio de uma marca forte e inspiradora, tem inovado com um marketing autêntico, inclusivo e plural, e tem no Rodrigo Montesano, responsável pelos eventos, a personificação de toda essa modernidade. A Pepsico tem na liderança de seu marketing uma profissional com propósito nas veias, a Cecilia Dias. E a Unilever além de nos suprir com produtos confiáveis no mercado de higiene, limpeza, beleza e alimentos e de ter se inserido na rotina dos consumidores trazendo luz para causas sociais, ajuda no desenvolvimento sustentável do varejo nacional através do time do Ricardo Zucollo.

Um brinde também a esse grupo de profissionais que defende a bandeira do propósito com unhas e dentes e com quem tenho o privilégio de trabalhar: Carlos Fonseca, Andrea Salgueiro, Júlio Campos, Vanessa Brandão, Leonardo Byrro, João F. Campos, Paula T. Lopes, Renato Haramura, Marcel Sacco, Tânia Kulb, Leonel Andrade, Lúcia Bittar, Nathália Torres, Mara Pezzotti, Juliana Romagnoli, Larissa Diniz, Mel Pedroso, Andrea Garrido, Gustavo Segre, Renata Moya, Bárbara Lobo, Renata Almeida, Paola Kiss, Graziela Dutra Lee, Juliana Bonamin, Patricia Stefanuto, Bianca Nunes, Nauhara Cleo, Luciana Lancerotti, Carla Lutfi, Igor Botelho Bernardes, Alexandre Valdivia, Camila Novaes, Kathya Calmanovitz, Débora Dáu Bertagnoli, Danilo Manoukian e todo timaço da Motivare.

Embora muita gente respeite o desenvolvimento sustentável e entenda a importância desse movimento, ainda há bastante resistência. Dentre os acidentes de percurso neste acerto de rotas, estão críticas de analistas financeiros ridicularizando a tentativa de achar um propósito maior para uma maionese, por exemplo. A meu ver, pecam na análise ao desconsiderarem a intenção e o compromisso da empresa com a mudança. Pelas minhas relações do passado e por ter a Unilever como cliente, atesto que Hellmann's tem feito no Brasil projetos muito importantes ligados ao propósito e à luta contra o desperdício de alimentos, sob o comando de um profissional brilhante e ético, o Rodrigo Visentini.

Outro caso emblemático foi o da Bud Light, nos Estados Unidos. Buscando ampliar seu escopo de marca em um posicionamento mais moderno e inclusivo, desenvolveu uma ação de mídia social com um *influencer* transgênero. Surpreendentemente, parte de seus consumidores, inflamados pelo ambiente atual polarizado, se transformou em uma legião de *haters*, passando a boicotar a marca e fazendo suas ações na bolsa despencarem. Esse movimento provocou a retirada da campanha do ar, uma revisão em toda a estratégia de marca da cerveja e uma onda de demissões no departamento de marketing. Fatos como esse me deixam triste e decepcionado, pois tenho a esperança de viver em um mundo onde a aceitação de ideias conflitantes seja lei, e o diálogo contínuo, a ordem. Tiro o chapéu para todas as marcas com iniciativas no campo do propósito.

Quais marcas tem chamado sua atenção por seu posicionamento moderno e atual?

1. _____

2. _____

3. _____

É muito importante neste momento que os profissionais de marketing mantenham a confiança em suas verdades e tenham resiliência para compreender que esses tropeços compõem parte das dores do crescimento. Em uma analogia com o brinquedo trepa-trepa, devemos entender que os tombos não nos fazem despencar para o chão, mas apenas nos devolvem a um degrau inferior que logo será superado novamente. Com o amadurecimento dessa realidade e com a ajuda do marketing, em um futuro próximo muitas marcas terão expandido seu propósito. Aquelas que não o fizerem estarão, de forma indireta, buscando associação com causas, projetos e ativos que lhes garantam esse novo patamar.

Amo o marketing, vivo dele e por ele; desafio aqui meus pares a serem protagonistas dessa revolução. O marketing e o alcance das ferramentas hoje a nosso dispor têm o poder de fomentar uma nova cultura no planeta. Uma cultura baseada na autenticidade e no propósito.

VIVA O
MARKETING!
—

redescobrindo
meu propósito

CAPÍTULO **2**

Durante cada fase de nossa vida, desenvolvemos um conjunto de crenças e comportamentos que passam a nortear nossa existência. E por trás de todas elas existe um propósito significativo, que na maioria das vezes é moldado pelo exemplo de nossos pais, pela qualidade de nossa educação e pela influência das pessoas que nos circundam. Basicamente, todos almejam o mesmo propósito genérico: saúde, sucesso, sorte, amor, respeito, justiça, paz e dinheiro... A principal diferença consiste no preço e no quanto a ganância e a obsessão por poder e posses deturpam o resultado dessa equação.

Para minha sorte tive como referência pessoas que me mostraram que nada se alcança sem esforço, que uma vitória individual se torna incompleta e, acima de tudo, que para qualquer tipo de conquista a honestidade e a ética são quesitos inegociáveis. Aqui evidencio um ponto importante para pais e líderes sobre o valor dos atos versus o das palavras. Desde a infância nosso cérebro funciona como uma grande esponja, nos fazendo ser mais impactados e inspirados por atitudes do que por palavras. Destaco ainda a importância da família na construção de nossos valores e de nosso propósito. Sabemos que, apesar de imperfeita e muitas vezes disfuncional, ela é a base de nossas relações de amor, carinho, empatia e compaixão. Crescemos com seus acertos e aprendemos com suas falhas. Além do amor, o ativo mais valioso de meus familiares, em particular, é a generosidade. Entendendo e respeitando o conceito e a tradição desse núcleo, podemos extrapolar o modelo na definição de nosso propósito. Amo minha família e gosto de famílias em geral, por isso, talvez, meu prazer ao assistir seriados como: *Os Simpsons*, *A Grande Família*, *Família Trapo*, *Modern Family* e *Shameless*, entre outros.

Apoiado por minha família, construí uma trajetória marcada por muita luta, mas acima de tudo por idealismo, compaixão e solidariedade. Em diferentes áreas sempre tentei ser o melhor que podia e o mais correto possível. Nunca medi esforços para ser um bom filho, bom neto, bom irmão, bom amigo, bom atleta, bom aluno, bom sócio, bom chefe, bom líder, bom concorrente, bom marido, bom pai, enfim, um bom ser humano.

Considero a adolescência fase crucial da definição de caráter, personalidade e estilo. Nesse período experimentamos as primeiras reais angústias da aceitação. Sofremos *bullying* em diferentes graus e aprendemos na prática a lidar com nossos desapontamentos e sucessos. Vivenciei tudo isso como qualquer um e adquiri meu equilíbrio desenvolvendo uma personalidade mais densa, questionadora e sensível. A partir de um olhar supercrítico das situações, passei a buscar recompensas emocionais para cada uma de minhas frustrações. Utilizei e uso até hoje a música para me ajudar a cunhar a base do que se tornou, com o tempo, meu propósito. Fui um misto de bicho-grilo, caxias e rebelde. A poesia das letras de Caetano e Gil me inspirava, a melodia de Milton, do Clube da Esquina e a bossa-nova de Toquinho e Vinícius me acalmavam. A contravenção do rock nacional dos anos 1980, com Legião Urbana, Titãs, Cazuza, Plebe Rude, entre outros, me adrenalizava. Legal que essa herança emocional trago comigo até hoje.

Como é gostoso extravasar a tensão cantando bem alto "Que país é este", da banda Legião Urbana, ou "Bichos escrotos", dos Titãs. Como é importante agora que já estou mais maduro entender a mensagem de "Aquarela", do Toquinho, que para muitos parece uma música infantil por ter ficado marcada em um comercial de lápis de cor. Tenho esta estrofe como um mantra que dispensa comentários:

NESSA ESTRADA, NÃO NOS CABE CONHECER OU VER O QUE VIRÁ O FIM DELA, NINGUÉM SABE BEM AO CERTO ONDE VAI DAR

Engraçado que depois de velho e de anos de terapia com meu grande mentor, guru e amigo, Içami Tiba, e me achando um cara pacífico, nobre e do bem, descobri que sou ultracompetitivo. Quando jovem, apesar de praticar esporte coletivo e de ter sido um atleta vencedor e de destaque, assumi, talvez ingenuamente, que competição não combinava com os valores que me foram passados. Via-me como uma pessoa generosa, justa, quase uma Madre Teresa, e criei certo estereótipo negativo para o sucesso e a competição. Tiba me mostrou o quanto essa visão era equivocada.

Disputar é saudável e faz parte da natureza humana. Iniciamos nosso ciclo da vida como um espermatozoide buscando ser o primeiro a chegar ao óvulo. Estava deturpado na minha visão o fato de que competir parecia feio. Erroneamente assumia que, na minha conquista, alguém invariavelmente saía prejudicado. Mudei essa ótica e me conscientizei de que, se fosse fiel a um grande propósito – o de ser o melhor possível em toda e qualquer relação humana –, passaria a ser um polo de inspiração para todos à minha volta. Nesse papel, quanto mais eu lutasse e crescesse de forma ética, mais capacidade e abrangência de impacto teria. Essa mudança de chave teve forte influência na minha vida pessoal e profissional, mas principalmente na minha carreira na área de marketing. Meu eterno obrigado, querido mestre.

Na altura de meus 40 anos, a vida seguia seu curso. Havia muitos e significativos projetos, clientes bacanas, equilíbrio pessoal, porém ainda uma sensação incômoda sobre o real papel do trabalho dentro de meu propósito de vida. Com filhos deixando a fase de bebê e começando a virar pessoinhas, várias vezes me peguei pensando no futuro e no mundo que estava construindo para eles. Já havia, alguns anos antes, tomado uma séria decisão de priorizar minha felicidade e vida familiar às tentações do sucesso e enriquecimento a qualquer preço. Desfiz uma relevante associação com o maior *player* de entretenimento da

América Latina às vésperas de uma oferta inicial de ações (IPO, no inglês) e passei a renunciar clientes com práticas predatórias em relação a fornecedores de meu setor. Mas algo ainda me agoniava. Eu me sentia um *nerd*, às vezes um impostor. Nessa época, a canção que me embalava era "Creep", do Radiohead, com seus versos "I'm a creep, I'm a weirdo. What a hell am I doing here? I don't belong here".

Acho que um profissional de marketing é sempre um inconformado. Incomodava-me que as empresas e marcas com as quais eu me relacionava ainda viam de forma simplista a função do marketing na vida das pessoas. Era engraçado como nas reuniões para discutir e conceber os projetos, os ditos consumidores ou público-alvo eram tratados como entes abstratos, e não realmente representados como indivíduos reais que poderiam ser nossos conhecidos, familiares, pessoas próximas ou até nós mesmos. Percebi que em um contexto no qual nos distanciamos da realidade, fica mais fácil assumir discursos ocos ou justificar mensagens que, para não dizer mentirosas, chamo de "não 100% sinceras".

Atendia, por exemplo, uma grande empresa do setor automobilístico que abusava no seu marketing da afirmação de que compensava emissões de carbono na atmosfera plantando árvores. Pensava comigo: isso não está tecnicamente errado, porém não seria esse um *approach démodé*? Poluir passa a ser nobre quando se planta uma merreca de árvores como compensação? Já se falava muito, na época, na destruição da camada de ozônio e seus respectivos impactos ao meio ambiente; e uma empresa desta grandeza achava que seu real dever era amenizar sua percepção de agente poluente com uma contrapartida tão pífia? Obviamente sabemos que a migração total para uma plataforma de energia renovável não é algo simples e viável a curto prazo pelo alto custo e potencial de caos na mobilidade. Entretanto, trazer essas questões abertamente à tona e iniciar um processo de educação e esclarecimento aos consumidores deveria ser também um papel importante do marketing; muito melhor do que, com ações tão demagogas e desproporcionais, tentar fazer parecer um grande feito a compensação do estrago causado. Ainda bem que este campo tem avançado muito e espero em breve habitarmos um planeta onde a maioria da energia seja originada de fontes renováveis e não poluentes.

Lendo um artigo em uma publicação internacional chamada *Flawsome Brands* [Marcas com Falhas] me apaixonei por este posicionamento: com o avanço da internet e com a democratização da informação, ficaria cada vez mais difícil para empresas, marcas e profissionais de comunicação manter discursos que tentassem ludibriar consumidores e esconder imperfeições. A manutenção das fórmulas que funcionaram nas décadas passadas colocaria a comunicação em posição ética questionável. Será que a crise vivida hoje, no mundo, não se dá pela falta de entendimento dessa teoria? Deixe-me tentar explicar. Nos dias atuais, duas coisas são certas: a verdade sempre acaba vindo à tona e o público não é mais ingênuo. Ou seja, por melhor que seja sua estratégia de marketing e comunicação, não há mais como esconder que um político é um ser humano imperfeito, ou que um carro polui o planeta, ou que o consumo de álcool pode levar ao vício.

Que tal adotarmos e defendermos um *flawsome approach*? Não seria mais eficiente para o Serviço de Atendimento ao Consumidor (SAC) das empresas adotar um discurso "entendo sua insatisfação, assumo nossas falhas e nosso erro não se justifica" em vez do oco chavão "você é muito importante para nós", seguido de "estou fazendo tudo ao meu alcance", que nunca dá em nada além da perda de nossa paciência? Essa postura, inclusive, já virou parte do patrimônio cômico do país. Enxergo a coragem de assumir imperfeições como o valor ético mais importante do momento e uma fórmula vencedora, a fim de engajar consumidores que anseiam simplesmente por ter suas necessidades pelo menos ouvidas e valorizadas.

Voltemos a focar a qualidade do produto e a inteligência na forma de comunicação de seus atributos, mesmo que imperfeitos em algum quesito. Sempre haverá alguém precisando da parte boa e cansado de ser enganado. Como o autor do artigo, defendo uma postura mais humanizada das marcas perante seus consumidores e a busca por uma relação verdadeira, em que a perfeição não seja mais necessária. Nessa ótica, da mesma forma que escolhemos, por exemplo, nossos parceiros de vida, conhecendo e aceitando suas imperfeições, assim ocorreria com as marcas. O fato de que um automóvel polui a atmosfera é inquestionável, mas não impede que pessoas desejem ter seus carros para meio de transporte e prazer. Trazendo esse ponto para o marketing, tenho sugerido a meus clientes um posicionamento mais autêntico.

Naquele caso específico do ramo automobilístico, se já sabíamos que seria impossível tomar uma medida de real impacto sustentável, melhor seria desconsiderar o plantio de árvores como atributo nobre no discurso de comunicação, de modo que este não se tornasse falacioso. Para as empresas que continuam preferindo se posicionar, tenho sugerido entender o marketing como ferramenta de gestão de crise. Nos momentos de maior tensão, as marcas e os profissionais que se prepararem e se posicionarem, junto com as críticas e pancadas, aumentarão seu patamar de respeito e protagonismo.

Fiquei encantado pela forma como a Nike, por exemplo, se posicionou e manteve sua crença no apoio ao seu atleta Colin Kaepernick, quando ele causou controvérsia ao se ajoelhar durante a execução do hino nacional em sinal de protesto em um jogo da National Football League (NFL). A marca brilhantemente manteve suas crenças, não se acovardou e confiou no ditado, segundo o qual "Quem tenta agradar a todos acaba não agradando ninguém". Sempre seremos questionados e isso é algo com que nos desacostumamos nas décadas passadas. Hoje a crítica ou o elogio vem em segundos, quase em *real time*. Um grande presente, uma riqueza de nossa era, porém uma realidade cruel para nossos cérebros ensinados que o oposto de perfeição é o fracasso. Quem adotar esse lema estará assinando um contrato com a depressão e a infelicidade.

Sinto-me realizado ao perceber que consegui trabalhar essa questão e colocá-la em prática na educação de meus filhos. Sou ultraexigente comigo mesmo, extremamente detalhista e perfeccionista. Esse estilo de ser me faz uma pessoa constantemente ansiosa, tendo vivenciado inclusive crises de pânico em alguns momentos da vida. Imaginem meu orgulho quando meu caçula consegue ser um excelente aluno, atleta, amigo, filho e ser humano, com uma paz que mais lembra um Buda, e com sua peculiar confiança e alta autoestima repete para mim a frase "Pai, quem liga?", quando me vê numa situação de estresse desproporcional.

Devemos, claro, buscar a perfeição, mas se nosso saldo for positivo e imperfeito, nada mais natural e aceitável. Melhor essa realidade do que mentira ou falsidade. Esse trunfo surge a partir de um fenômeno da psicologia chamado "efeito pratfall". Elliot Aronson, professor de psicologia da Universidade de Harvard, abriu esse debate nos anos 1960 com a frase: "Se você admite uma fraqueza, expõe defeitos, se torna mais atraente". É na crise e na dificuldade que a verdade vem à tona.

Seguindo o processo de descoberta do meu propósito, em mais uma das peças que a vida nos prega, no ano de 2011 passei por uma das mais terríveis experiências. Em um fim de semana em minha casa de veraneio, em um condomínio fechado no interior de São Paulo, fui assaltado e sequestrado com minha esposa, ficando horas em cativeiro, sem saber o que se passava com meus filhos, que por crueldade dos bandidos haviam sido deixados para trás. Sem muitas delongas, saímos dessa tragédia sem sequelas físicas, porém com diversos traumas emocionais. Minhas dúvidas existenciais e angústias, que já eram imensas, tornaram-se uma insuportável realidade.

Vivemos em uma sociedade desigual e a falta de oportunidades leva ao crime. Eu me senti um nada na presença dos bandidos e esta sensação de impotência gera muita revolta e raiva. Mas, como membro de uma minoria privilegiada da sociedade, consegui digerir bem os porquês do ocorrido. Não cabe a mim julgar ou punir os bandidos, mas seria no mínimo irresponsável de minha parte não investigar as grandes causas estruturais nos meandros de violências como essas. Para os assaltantes eu não passava de um branco, rico, playboy, gozando da injusta regalia de desfrutar o fim de semana em uma mansão no interior de São Paulo, rodeado por "babacas" como eu, extorquindo moral e fisicamente meus "semiescravos" (caseiros, cozinheiros, faxineiros, jardineiros, piscineiros etc.). Não concordo com essa visão maniqueísta de mim mesmo, mas, se olharmos friamente para a questão, existe uma lógica vigente. Embora consciente de que sou um cara ético, bacana e respeitoso, o que efetivamente eu estava fazendo pela comunidade à minha volta? Achei que, por retribuição a ter saído ileso fisicamente dessa barbárie (reitero que os danos emocionais e psicológicos são imensos e irreparáveis), deveria buscar me transformar em um agente de mudança e tomar uma medida de impacto.

Assim, sugeri à diretoria do condomínio – composta pelos maiores PIBs do Brasil e também, teoricamente, pela elite intelectual do país – um projeto de desenvolvimento social na cidade vizinha a nosso empreendimento. Não conseguimos novas respostas com as mesmas perguntas, então propus ao grupo uma inversão de raciocínio. E se nossa comunidade tentasse sentir o mesmo prazer que tem ao investir em mais campos de golfe, piscinas com ondas ou infraestrutura para os cavalos, porém contribuindo com a melhora da qualidade da saúde e educação da comunidade onde vive a maioria de nossos colaboradores e funcionários? E, diga-se de passagem, muito provavelmente o ambiente onde foi concebido e organizado o assalto ao nosso condomínio. Pensei de maneira altruísta que isso, além de nos encher de orgulho, nos ajudaria a mitigar futuras ocorrências desse tipo. Infelizmente a decisão de todos foi a de minimizar minha dor, ridicularizar a ideia e, com ar arrogante, me garantir que haveria investimento em mais segurança e muros... Teria sido esse meu *"wake up call"*, a gota d'água que fez transbordar meu copo de conformismo com a vida que vinha levando? Mais uma vez era desafiado a ampliar meu propósito e acelerar transformações estruturais em minha forma de existir. E foi com muita dedicação e toda experiência e talento para ajudar marcas e corporações a prosperar que incluí nesse plano o compromisso de exercer um papel realmente atuante na construção de um mundo melhor.

Apesar de ser um otimista por natureza e grande defensor de que vivemos na era mais próspera da história das civilizações, tenho momentos de tristeza ao realizar que ainda existe um descompasso gigante entre todos os avanços alcançados, a enorme desigualdade social e a assustadora degradação do planeta, descompasso esse que poderia ter sido facilmente erradicado com o volume de riqueza gerado no mundo.

O ser humano é incrível e sua capacidade de evoluir, inquestionável. Compactuo com a mesma visão de Peter Diamandis, da Singularity University, sobre a abundância nos tempos atuais. Profusão de recursos humanos e tecnológicos e maiores índices de felicidade, igualdade, segurança, saúde, educação, escolaridade, além de reduções drásticas em todos os índices de violência, mortalidade, pobreza, entre outros. Por que então não vivemos no paraíso? No mundo perfeito? O ponto é que neste mesmo ser humano brilhante existe uma série de imperfeições, como a ganância, que a meu ver se tornou um mal patológico, e confio que futuras gerações tendam a substituí-la pela empatia e pela compaixão. Um dos livros que mais gostei em minha vida foi *Inveja, o mal secreto*, de Zuenir Ventura. Imaginem como ficaria a trilogia se estes dois livros também existissem: *Ganância, o mal eterno* e *Ignorância, o mal perpetuado*? O pensador Yuval Arari deixa isso claro no seu conceito *"2% climate solution change"*, em que explica que, se investíssemos apenas 2% do GDP (*Gross Domestic Product*; equivalente ao PIB) global por ano em infraestrutura e tecnologias *eco-friendly*, estaríamos rapidamente livres do risco do apocalipse.

Um dos momentos mais importantes dessa jornada foi quando desmistifiquei um grande dogma que tinha sobre a questão das minorias, da desigualdade e da inclusão. Sou judeu, originário de família de classe média alta. Meus pais e avós imigraram para o Brasil fugidos dos campos de extermínio da Europa, na Segunda Guerra Mundial, chegando aqui com um pé na frente e outro atrás. Durante minha vida apoiei a diversidade e, até muito pouco tempo, me sentia orgulhoso da maneira aberta e consciente com que tratava a questão do respeito às diferenças, tanto no âmbito pessoal como profissional. Inclusive sempre me senti parte de um grupo de imigrantes, de uma religião diferente da maioria e, por isso, discriminado pelo antissemitismo latente no mundo. Esse sentimento que piorou muito após a reação, a meu ver desumana e criminosa, de parte da mídia e de pseudo-intelectuais liberais aos ataques terroristas de 07 de outubro de 2023. Porém, apesar de tecnicamente fazer parte de uma minoria de raça e origem, na prática tive amplo acesso a todos os cenários de inclusão e desenvolvimento. E embora tenha triunfado muito por meu esforço e mérito, saí na frente dos grupos realmente podados de opções de educação, desenvolvimento e oportunidades. Hoje percebo que fazemos pouco e que pertenço na verdade a uma minoria privilegiada com maiores chances de triunfo em qualquer disputa por um lugar na sociedade. Não posso mais me orgulhar por entregar o insuficiente. Preciso ser mais amplo, abrangente, exponencial, efetivo. Assim, tenho trabalhado para me reinventar e me tornar mais ativo na construção de um mundo mais diverso e igualitário.

Buscando atenuar minha inquietude, participei de um curso sobre felicidade na Haas School of Business, da Universidade da Califórnia, em Berkeley, com o professor Dacher Keltner – isso mesmo, existem mentes brilhantes estudando academicamente o assunto nas maiores e mais conceituadas instituições de educação do planeta. Nas últimas três décadas, Keltner tem investigado as emoções humanas, começando com micromovimentos dos músculos faciais até pesquisas e estudos científicos, provando a relação entre felicidade e saúde. Ele defende que a conexão entre a felicidade e o bem maior é bastante clara e é subestimada. Ensina que há muito mais na felicidade do que prazer momentâneo e individual e que conexão social é um dos mais fortes determinantes da nossa saúde. Temos muita felicidade ao nos doarmos aos outros.

As pesquisas de Dacher Keltner mostram também que pessoas solitárias morrem mais jovens do que aquelas com fortes redes sociais. Expõem ainda que a classe social de uma pessoa prevê sua vulnerabilidade a doenças e que crescer pobre corta seis anos da expectativa de vida de um indivíduo. No curso aprendi sobre uma "nova ciência do poder", que postula que apenas os socialmente inteligentes, atenciosos e compassivos se tornam líderes; e que o poder duradouro vem da empatia, da capacidade de contar histórias que unem pessoas. Essa ciência aponta que grupos tendem a dar poder àqueles que promovem o bem maior.

Infelizmente está difícil conectar esses conceitos com a realidade atual. O professor explica que essa deturpação ocorre quando algumas pessoas, para chegarem à liderança, exibem compaixão, capacidade de ouvir e outros comportamentos positivos, mas que, uma vez no poder, mudam e passam a se comportar "como sociopatas impulsivos e fora de controle". Seu curso prega o otimismo, mesmo nos mostrando que as sociedades humanas são uma combinação interessante de poder coercitivo, manipulador, agressivo, pró-social e conectivo. Complementando a agenda do curso, alternavam-se conteúdos teóricos e pesquisas, com experiências inusitadas de teatro, arte, culinária e meditação. Voltei dessa viagem transformado e sedento por mudanças.

Mais uma vez, pelas influências de minha juventude e por trabalhar com entretenimento, me utilizei e abusei do poder das trilhas sonoras para ajudar a estruturar as ideias e me motivar na tomada de uma grande decisão. Nessa fase final de "megamorfose" (criei essa expressão para o evento de um cliente e desde então utilizo sempre que oportuno; explorarei mais um pouco esse conceito adiante no livro), minha *setlist* exclusiva e repetida exaustivamente passou a ser: "I need to wake up" [Eu preciso acordar], de Melissa Etheridge, música que ficou marcada no documentário de Al Gore sobre aquecimento global; "É preciso saber viver", do Roberto Carlos, uma letra simples, mas extremamente profunda; e "The scientist", do Coldplay – esta última por dizer em um trecho "I'm going back to the start" ["Eu estou recomeçando"]. No meu caso era uma reconexão com meus valores para o início desse processo de regeneração. Assim, em questão de um ano, por motivações de cunho pessoal, mas principalmente para a partida desse novo ciclo de conhecimento, me mudei para os Estados Unidos. Estava disposto a colocar em prática mais uma de minhas teorias: a de que nossa geração tem a possibilidade de viver três ou quatro vidas distintas, diferentemente das gerações passadas que, por motivos de longevidade e qualidade de vida, viviam somente duas etapas: a jovem e a adulta.

Atualmente, por fatores como as conquistas tecnológicas na área da saúde e a abertura mundial, torna-se completamente possível iniciar uma nova jornada aos 40, 50 ou mesmo 60 anos. Entretanto, para sermos bem-sucedidos na maturidade, o segredo é observarmos a rápida e constante mudança dentro de nós mesmos. No livro *Fleishman is in trouble*, de Taffy Brodesser-Akner, há uma passagem genial a respeito do assunto: "Não tem problema perceber que você não é mais você. Pior, perceber que você não é mais você há muito tempo. Isso é fato e tudo bem. Apesar de não percebermos o tempo passar, sempre soubemos que isso ocorreria. E qual é o problema com o fato de que o tempo iria passar de qualquer maneira? Com o fato de que não podemos controlar nosso destino? Será esse realmente um problema? Por mais que você nunca mais seja tão jovem como imagina, se viver intensamente e em paz, não correrá o risco de não se lembrar de que aproveitou o melhor que poderia de cada pequeno momento. Que você é agora tão jovem quanto jamais será. E agora mais que agora há pouco... Que agora há pouco... Que agora há pouco... Que agora há pouco... Que agora há pouco...". Ou seja, enquanto nos sentirmos jovens, seremos capazes de nos reinventar.

ENQUANTO NOS SENTIRMOS **JOVENS, SEREMOS CAPAZES** DE NOS **REINVENTAR**

—

Mas não pensem que uma mudança radical de vida, quando já se é mais velho, é uma decisão fácil. Imigrar, sair de seu hábitat natural, abandonar família, amigos e relações profissionais já bem enraizadas é muito complicado. Para ser sincero, sabia que pagaria um preço alto por isso, mas confesso que subestimei um pouco o desafio. Alguns dias nos sentimos gênios por ter a oportunidade de viver uma tela branca, sem cargas passadas, vícios, tampouco julgamentos. Porém, em outros, bate um desespero de ter abandonado tanta coisa para se transformar em um zé-ninguém, em uma terra com língua e relações sociais que não são originariamente as suas. Nos momentos de mais dúvida, exercito novamente um reencontro com meu propósito. Tenho orgulho de estar investindo recursos materiais que havia acumulado a serviço de uma completa redefinição de meu código de valores, mas principalmente na implementação de meu maior projeto de vida: criar filhos bem-preparados, batalhadores, autossustentáveis, conscientes de seu papel na sociedade e engajados em criar um mundo mais harmônico para todos. Eu e minha esposa, companheira de jornada, sempre almejamos que eles fossem versões ultramelhoradas de nós mesmos.

Na obsessão pelo aprendizado constante, promovi um precioso upgrade em minha bagagem profissional: passei a estudar profundamente o mundo do propósito. Eu me aproximei de diversas instituições que lutam pelas mais diferentes causas e me afiliei a comunidades como a Nexus (https://nexusglobal.org), da visionária Rachel Gerol, uma network da elite de filantropos e empreendedores sociais do planeta, e a Practical Utopias (http://margaretatwood.ca), fundada pela brilhante escritora Margareth Atwood, autora do livro que deu origem à série *The Handsmaid's Tales* [O conto da Aia], que resolveu sair do campo da ficção sobre as sociedades distópicas para unir mentes visando criar o mundo das utopias possíveis.

Em uma de minhas vindas ao Brasil, tive um papo com o querido Wellington Nogueira – belo ser humano, empreendedor social e fundador de uma das ONGs mais respeitadas de nosso país, os Doutores da Alegria – e tomei ciência da Ashoka (http://www.ashoka.org). Ele me contou da missão e do impacto dessa rede no combate aos grandes problemas que assolam a humanidade. A Ashoka identifica, capacita e empodera os maiores e mais inovadores empreendedores sociais do mundo, que passam a fazer parte dessa comunidade com o intuito de mobilizar toda a sociedade a construir um espaço onde cada um de nós atue como *changemaker* [agente de mudança]. Fiquei encantado com o trabalho da Ashoka, mas ao mesmo tempo me senti um completo ignorante. Não tinha ideia do tamanho, da seriedade, do grau de profissionalismo e da abrangência dos projetos, e de quão brilhantes e inspiradores são esses incríveis empreendedores sociais (listo alguns e conto sobre eles mais adiante no livro). Que lindo seria se esses personagens se tornassem os verdadeiros ídolos de nossos líderes e de nossa juventude! Eu me senti empoderado e hoje batalho arduamente para ser um *changemaker*.

No processo de redefinição de meu propósito, além deste livro, tenho me envolvido nos últimos anos com uma série de projetos que preenchem essa minha nova missão. É extraordinário o grau de motivação e prazer que representa trabalhar pelo coletivo. É fascinante se sentir potente na transformação da realidade e perceber a riqueza dos novos relacionamentos e da comunidade em que me insiro hoje. Sempre foi mágico sonhar, ainda mais mágico realizar, mas nada se compara a uma vida com propósito.

E você, o que te move? Quais são seus propósitos na vida?

1. _____

2. _____

3. _____

**bem-vindo à
era do propósito**

CAPÍTULO **3**

O mundo se adapta às novas realidades. Mudamos nossos hábitos e nossos comportamentos. Negócios tentam entender as novas regras para prosperar. Como diz o ditado, "a necessidade é a mãe das invenções". Tempos de crise e recessão são excelentes oportunidades para quem ousa se reinventar. Em décadas passadas, as grandes revoluções do marketing e da mídia surgiram e se consolidaram em momentos como os atuais. Entre centenas de megatendências que ditam o presente e pintam o futuro, a que mais me encanta e fascina é a nossa transição para a era do propósito. Do latim *propositum*, segundo o dicionário esse termo pode ser compreendido como "a intenção de se fazer ou deixar de fazer algo". O diálogo vigente nessa nova era prega o abandono de práticas criminosas e a adoção de comportamentos regenerativos, exigindo da sociedade uma mudança de posicionamento e funcionamento, além do desenvolvimento de uma cultura contemporânea sustentável.

Em meus mais de trinta anos no mercado de comunicação, pude vivenciar de perto diversas discussões sobre o futuro. Por trabalhar durante muito tempo com eventos das maiores empresas mundiais de praticamente todos os setores e participar de inúmeros congressos nacionais e internacionais, tive contato com grandes pensadores e brilhantes profissionais que trazem esse tema em suas apresentações. Quantas e quantas previsões, inúmeros gurus, muitas novas teorias... Tudo para tentar desvendar o que nos espera, antecipar "como será o amanhã". Gosto de analisar esse tema sob uma ótica menos convencional. Coloco sempre uma lente de aumento no fato de que essa louca obsessão pelo futuro e pela quebra de limites nos induz a numerosos acidentes de percurso. Meu dogma é que a tradição, o legado, a jornada e os ativos do presente são muitas vezes subutilizados. Para chegar aonde almejamos precisamos ter mais respeito com a maravilha do aqui e agora; mais apreço pela história, seus pensadores e marcos de evolução da civilização.

Em um desses eventos de que participei, tive o privilégio de assistir a uma palestra do Steve Wozniak, o Woz. Em sua fala, o cofundador da Apple, o gênio responsável por parte considerável da revolução tecnológica do planeta, humildemente confessou uma frustração que retrata bem esse descaso com o presente. Ele disse que, no afã de criar uma tecnologia tão potente que pudesse fazer até um cego enxergar, desenvolveu um produto que cega os olhos saudáveis de toda a humanidade – em uma crítica direta à forma como vivemos hoje, quase 24 horas do dia com nossos olhos fixos nas telinhas dos smartphones. Essa afirmação me lembrou de uma das minhas frases preferidas do Nobel de Literatura, José Saramago: "Não acho que nos tornamos cegos, acho que somos cegos. Cegos, mas vendo. Cegos que podem ver, mas não enxergam". O grande problema em questão é que a tecnologia está superando nossa capacidade de entendê-la adequadamente, controlá-la adequadamente e, principalmente, de lidar com ela adequadamente. Portanto, "be digital, but stay human".

Em outra oportunidade fiquei fascinado com o conceito do "ócio criativo" do sociólogo Domenico De Masi. Ele acreditava que a tecnologia ajudaria as pessoas a ter mais tempo livre e que, no ócio, nossas mentes descansadas teriam os insights criativos necessários para a criação do futuro ideal. Suas previsões não aconteceram exatamente como imaginava e em seu último livro, *O trabalho no século XXI*, ele explica: "O homem não nasceu para trabalhar, mas, sim, para descansar". De Masi sustentava que todas as criações do homem foram no sentido de ter menos trabalho: a roda, a máquina e, agora, a Inteligência Artificial. Em alguns trechos, esboça o mesmo sentimento de Wozniak sobre como temos lidado com a tecnologia: "Perverso o mundo em que as criaturas se viram contra os criadores e roubam-lhe o sustento. Perverso o mundo em que as pessoas pregam sustentabilidade e não equilibram o sustento de todos na mesma régua". Ou seja, o futuro sempre será instigante, mas o entendimento do passado também tem grandes tesouros; e, se bem estudado, pode ser ainda mais fascinante.

O ser humano prova, dia após dia, novidade após novidade, sua capacidade de superar seus limites e seu poder de criar e inventar o antes inimaginável. Apesar de todas as realizações e inúmeras conquistas, quando paro e analiso nossa vida e o mundo onde vivemos, me deparo com um ser humano óbvio, rudimentar e previsível. Cada vez mais percebo que temos lidado de forma muito complexa, cheia de fórmulas e teorias com um tema que, para mim, deveria transitar pelos caminhos da simplicidade. Não tenha dúvida de que o futuro será pirotécnico, amorfo, ultramegasônico, porém tenha certeza de que ele também resgatará e valorizará grandes e importantes pérolas do passado. O que eu quero dizer com isso? Que nós evoluímos intelectualmente, mas continuamos os mesmos em nossa essência. Todos somos básicos nas nossas necessidades existenciais, emocionais e de autoestima. A evolução é cíclica: apesar de toda nossa inteligência, ela é regrada e equilibrada pelos mesmos elementos autorreguladores.

Há alguns anos encontrei no trabalho do pensador Alain de Botton algumas referências que me ajudaram a embasar esse raciocínio. Ele contrapõe a sofisticação de nosso nível de conhecimento intelectual com a pífia evolução de nosso conhecimento emocional. Saímos das cavernas e chegamos à Lua, mas ainda não aprendemos e não somos preparados para lidar com situações previsíveis como a perda de um ente amado, a chegada de um bebê, o fim de um relacionamento, a educação de um filho, uma demissão ou o envelhecimento de nosso corpo. Ele até criou um projeto que trata dessas questões, chamado "The School of Life". Muitos desses conceitos estão mais bem explicados no livro *What they forgot to teach you at school* [O que esqueceram de lhe ensinar na escola], que recomendo.

Divido aqui também minha identificação com os pensadores gregos, em especial Sêneca e sua filosofia. Depois do primeiro contato com sua obra e a surpresa de parecer estar lendo textos de um guru de tendências do mundo moderno, adotei o estoicismo como ferramenta de descompressão em situações de alto estresse. Ao longo de nosso processo evolutivo, temos oportunidades constantes de revisitar todo esse tesouro e aplicar seus princípios básicos. Estes são os meus preferidos: "viva de acordo com a natureza", "viva pela virtude", "concentre-se no que pode controlar" e "ame tudo o que acontece". Para os estoicos a felicidade é encontrada na sobreposição de nossas paixões, ou vícios da alma, em detrimento da razão. Os estoicos cultivavam a perfeição moral e intelectual inspirada no conceito de "apatheia", que significa a indiferença em relação a tudo que é externo ao ser. Eles valorizavam a percepção, o poder da observação e o ensino da ética.

Outra concepção interessante que ajuda a nos situarmos no universo moderno é a VUCA. A expressão foi cunhada por estudantes do Colégio de Guerra do Exército dos Estados Unidos (U.S. Army War College) para descrever as características do mundo Pós-Guerra Fria e é o acrônimo de *volatility* [volatilidade], *uncertainty* [incerteza], *complexity* [complexidade] e *ambiguity* [ambiguidade]. A volatilidade representa a natureza dinâmica e a velocidade das mudanças. A incerteza está ligada à falta de previsibilidade e ao difícil grau de compreensão dos fatos e acontecimentos. A complexidade refere-se à quebra do ciclo de causa e efeito e à confusão que circunda a atual organização das coisas. E a ambiguidade, ao potencial de distorção da realidade. Não é à toa que o assunto virou um dos temas mais recorrentes nas conversas durante o desenvolvimento do Vale do Silício. Para mim, sua grande relevância está no quanto a adoção de um propósito é crucial em nossa sanidade mental, em um ambiente onde é lei a total falta de entendimento e a perda de controle.

Será possível habitar um mundo VUCA sem ter uma vida VUCA? Para combater a volatilidade, recomendo uma escolha entre os conteúdos e as relações que merecem nosso foco versus as que merecem desprezo. A incerteza se reduz com projetos de longo prazo em vez da busca por recompensas instantâneas. Já a complexidade, enfrentamos ao nos contentarmos com uma vida mais simples, que não tem nada a ver com uma existência simplória. E finalmente, no que tange à ambiguidade, devemos tentar ao máximo alinhar nossos atos aos nossos discursos. Mas o ponto mais importante de todos é a maneira como encaramos toda essa confusão. Para não nos paralisarmos pelo medo ou não nos fragilizarmos pela perda da zona de conforto, o melhor é embarcar com muito otimismo nesta fascinante jornada, repleta de novas oportunidades pessoais e profissionais. Precisamos cuidar de nossas mentes. Em particular, eu não funciono sem terapia e tive ganhos consideráveis em meus níveis de estresse e ansiedade após infinitas e instigantes sessões com Içami Tiba e Leandro Savoy, e por ter conhecido e praticado técnicas de *mindfulness*.

Entrando em um campo mais técnico ligado à minha profissão, ando muito preocupado com o grau de desrespeito com que nós consumidores temos sido tratados nos dias atuais (sim, eu me incluo no grupo de consumidores). Desenvolvi minha própria teoria sobre o futuro do marketing e da comunicação: para mim, essas áreas serão totalmente reféns do, talvez, mais simples ativo que passará a imperar, a autenticidade.

E por entender a força das siglas e dos acrônimos em nossa área, criei e tenho adotado o POREM. Para nos comunicarmos de forma autêntica, temos de abusar da combinação bombástica entre: propósito, ousadia, resiliência, empatia e magia!

PROPÓSITO
OUSADIA
RESILIÊNCIA
EMPATIA
MAGIA

O *propósito* não tem nada a ver com missão, valores ou razão de existir da empresa, mas é a escolha de um ou alguns temas que passem a integrar o *core business* da organização no intuito de gerar valor coletivo e criar real impacto social. A *ousadia* diz respeito à coragem para se posicionar de verdade, ou seja, apoiar temas relevantes, mesmo polêmicos ou conflitantes com o *bottom line* da companhia. A *resiliência* é o entendimento de que este processo é eterno e os ganhos são de longo prazo. Muitas vezes os resultados tenderão a piorar antes de exponenciar. A *empatia* não precisa de tanta explicação, é a capacidade de olhar e compreender o outro. A era da concorrência ferrenha e busca desenfreada por lucro foi muito danosa. Que tal olharmos nossos concorrentes e, principalmente, nossos consumidores com mais gentileza e – por que não – ternura e admiração? E por fim a *magia*, aquela conspiração de fatores que nos encantam e fascinam. Aquela sublime e inexplicável sensação de que algo único e inusitado foi alcançado. Adotando o POREM, estaremos realmente praticando um marketing autêntico e eficaz, aplicando o "Faço o que prego".

Diversos e recentes estudos revelam que não é exatamente a personalidade do consumidor que o leva a momentos de indignação ou rejeição em relação a uma empresa ou marca. A causa para esses rompantes está relacionada à falta de sintonia entre o que a empresa oferece e o que a comunicação dá a entender ao cliente. O conhecido "fala uma coisa e faz outra". O custo para as companhias é alto e extenso, pois gera, além do óbvio desgaste da marca, problemas como pedidos de demissão ou afastamento dos empregados (por estresse, por exemplo), danos irreparáveis à imagem da empresa, sem falar da moda dos cancelamentos. Os estudos só comprovam histórias que ouvimos todos os dias: os novos consumidores já se mostram menos simpáticos a marcas e empresas que tentam ludibriar sua inteligência com aquelas brilhantes, porém inverossímeis, campanhas de marketing. Mais do que isso: os consumidores começam a querer, e poder, lutar ativamente para desmascará-las.

O teor das mensagens (atualmente, ainda vazias de veracidade), agora presentes em mais e mais ferramentas inovadoras e pontos de contato, aumentarão significativamente o impacto de discursos obsoletos no fracasso de uma instituição. As empresas e os produtos terão de vencer o medo de lidar com suas limitações. De que adianta uma fabricante de automóveis tentar negar que polui o planeta? Apesar das belas campanhas das fabricantes de *junk food*, que vendem sonhos e emoções, alguém tem dúvida de que aqueles alimentos podem levar à obesidade? Imperfeições fazem parte da vida e, se tratadas com transparência, são compreendidas e valorizadas. Um dos meus mantras preferidos é uma expressão em inglês que diz "being bold is never risky" ["ter coragem nunca é arriscado"]. Quem me conhece sabe que, apesar de ser um medroso por natureza, em momentos decisivos me encho de coragem e encaro qualquer desafio em prol da justiça e do crescimento. Afinal de contas o medo não elimina o perigo, certo?

No momento, a acomodação é realmente o grande risco das corporações. Quando falamos de coragem e atitude, logo me recordo de um TED Talk de Amy Cuddy, professora da Harvard Business School e autora do livro *Presence: bringing your boldest self to your biggest challenges* [Presença: aprenda a impor-se aos grandes desafios]. Cuddy defende o conceito de "presença", que ela denomina como "o estado de estar sintonizado e capaz de expressar confortavelmente nossos verdadeiros pensamentos, sentimentos, valores e potencial". Parecendo "confiança sem arrogância", a presença tem tudo a ver com estar no controle e estar no seu melhor. Alguns dos maiores obstáculos da vida exigem sinceridade e foco. Muitas vezes abordamos esses momentos de alta pressão com medo e ansiedade. Esse sentimento de impotência nos torna autocentrados e, ao sentirmos que temos poder transformacional, ficamos naturalmente mais abertos, otimistas e tolerantes ao risco, o que implica estarmos mais propensos a perceber e aproveitar as oportunidades de crescimento.

O que sua empresa tem feito para combater o risco da acomodação?

1. _____

2. _____

3. _____

Marqueteiros e marqueteiras, atenção: esqueçam todas as teorias que estudaram e voltem a seguir seus instintos! O modelo vigente está com seus dias contados e as previsões de futuro podem estar sendo inovadoras na forma, porém mantêm os velhos paradigmas. Até mesmo a expressão VUCA foi ampliada para um conjunto de características recomendadas a um profissional e um líder sintonizado com o propósito. O mundo VUCA respeita e valoriza "pessoas VUCA": com visão, entendimento, clareza e agilidade. Precisamos adotar um propósito, pois apesar da tecnologia ter melhorado muito nossas vidas, nos impôs um ritmo alucinante – por que não dizer extenuante. Nunca a informação esteve tão acessível e em *real time*. O FOMO *(fear of missing out)* é uma enfermidade global. Como criadores e comunicadores de marcas, mensagens e conteúdo, temos a responsabilidade de encaixar nossas ideias nesse contexto de forma que elas funcionem como motivação extra em nossa rotina ou mesmo como válvula de escape, e nunca como mais um agente de estresse. Com consumidores mais engajados, serão deixados de lado projetos que não tenham propósito, não sejam autênticos e não se preocupem com seu real impacto na sociedade.

Aposto ainda no entretenimento como santo remédio para os *burnouts* cada vez mais frequentes, e a experiência, seja ela presencial ou digital, será o fomento da nova cultura e da maneira das pessoas se relacionarem. Se nossa vida no mundo físico não for balanceada com propósito, entretenimento e experiências que nos preencham, corremos o risco de, em um futuro bem próximo, assumirmos o ambiente virtual como um universo paralelo de fuga e prazer. Além de perdidos em nossos pensamentos e corroídos por nossa ansiedade, adotaremos um mecanismo de escape pelo qual, ao nos depararmos com a realidade caótica e vazia, mergulharemos em nossos gadgets e nos transportaremos para um contexto que realmente valha a pena ser vivido no cenário alternativo.

Essa crítica social foi muito bem retratada no filme de animação *WALL-E*, da Pixar Studios. Em uma sociedade com mais propósito, que, confio, será construída pelas futuras gerações, não existirá mundo paralelo, mas uma única realidade híbrida, mesclando experiências físicas e virtuais, todas recompensadoras e prazerosas. Ninguém garante como será o futuro, mas ouso prever que apenas as empresas e marcas comunicadoras da verdade – e tão somente da verdade – terão simpatia e espaço no coração dos consumidores, que precisam, e sempre precisarão, de produtos e serviços úteis, mesmo que imperfeitos, para satisfazer suas necessidades de vida. Com a tecnologia chacoalhando a cultura, as relações humanas e a sociedade, vivemos o que chamo de "fase de intersecção", na qual os *players* do modelo atual tentam desesperadamente se agarrar às velhas fórmulas e comportamentos e irresponsavelmente buscam, via marketing, nos vender discursos falsos, as chamadas "fantasias de cordeiro", uma prática míope e leviana. Nessa mesma fase de intersecção, temos uma nova geração superconectada e ainda entendendo como tirar proveito de toda informação a que tem acesso. Uma geração exposta e sufocada.

Nessa fase, o propósito virou a nova bola da vez, tema da moda, nova tendência. Tudo lindo no papel e no discurso, mas ainda tratado com hipocrisia e visão de curto prazo. O veneno destes tempos passou a ser a falta de confiança. Ausência de ídolos e referências, excesso de fake news. Estamos todos nos sentindo perdidos. Cabe ao marketing entender esse desafio e ditar o *storytelling* dessa transformação. Com a criação de novas perspectivas, quem sabe logo teremos abandonado essa fase e estaremos vivendo a era do propósito, uma realidade em que esse alvo deixe de ser uma tendência para se tornar um estilo de vida!

a **empatia**,
a **compaixão**
e os **movimentos**
de **generosidade**

CAPÍTULO 4

Vivemos em um mundo capitalista que, durante as últimas décadas, cultuou a maximização do lucro e o retorno aos acionistas. As companhias, agentes essenciais dessa engrenagem, deram poder e valor a líderes que, apesar de tecnicamente brilhantes, foram péssimos no atingimento de metas coletivas. Foi um período de muito crescimento e resultado, porém de pouca empatia, compaixão e propósito.

Começo este capítulo com uma provocação: conquistas financeiras são importantes, merecidas e boas até emocionalmente, mas será que o excesso e acúmulo não se tornaram fora de contexto, fora de moda? Reparem neste dado: as 26 pessoas mais ricas concentram a mesma riqueza dos 3,8 bilhões que compõem a metade mais pobre da humanidade. Os dados são de um estudo da Oxfam, organismo internacional de combate à desigualdade e à pobreza.

Imaginem se os exercícios de dividir, repartir e redistribuir virassem *cool*. Uma sociedade em que imperasse o conceito do usufruir, em vez de possuir. Será que estaríamos endeusando Richard Branson, Elon Musk e Jeff Bezos pela ousadia de desbravar o espaço? Não existem questões mais prioritárias nas quais poderiam se envolver, considerando que nosso planeta está definhando e grande parte de nossos irmãos na Terra não têm comida, educação, acesso à saúde nem onde morar? Sonho com um novo funcionamento do mundo, um modelo que me inspirasse a desafiar as pessoas comuns a serem mais reais, generosas e empáticas para, assim, gritarem bem alto: "Viva a generosidade exponencial!".

A pandemia reverteu um pouco o quadro de descaso com o próximo. Fomos obrigados a repensar nossas vidas, mudar nossos hábitos e rebalancear tarefas e preocupações. Foi bonito ver o aumento de solidariedade e a união do ser humano voltando a exercitar um pouco mais atos de benevolência e altruísmo. No período pré-pandemia, me incomodava demais como a humanidade vivia em constante crise moral, ética e de lealdade. Um mundo onde havia tentativas de fazer um pouco mais, mas onde era ainda necessário muito mais. Como encontrar coragem e força de vontade para promover mudanças? Como avançar com mais ambição na construção de um setor privado que direcione toda sua engenhosidade e seus recursos para problemas comuns em parcerias inovadoras para a mudança tão vital do sistema? As empresas que definitivamente colocarem as pessoas no centro e se direcionarem à conexão entre os seres humanos florescerão. E aquelas que se concentrarem apenas em seu próprio umbigo desaparecerão.

Em uma sociedade doente pelo impacto das mudanças, sofremos com esse alto déficit de compaixão. Chegou a vez de cultuarmos a empatia e apostarmos na força do coletivo. Gosto da frase "quando você se depara com um problema que não pode resolver, não o diminua, aumente-o". A acomodação esgota nossa energia para encontrar soluções inusitadas para os problemas globais. Quando iremos abraçar a urgência dos desafios da humanidade? Eu me pergunto se não teriam, os grandes líderes e também os profissionais de marketing, um papel importante na cura dessa enfermidade. Para mim, ser líder tem muito mais a ver com um comportamento servil do que com a postura de chefia. Ao perceber essa nuance, o líder encabeça um ciclo de desenvolvimento em que o crescimento a qualquer custo vira sinônimo de fracasso. Suas empresas e marcas passam a se comportar de maneira mais empática, tornando-se os grandes símbolos, não só de resultados, mas da personificação de sua alma.

O que mais precisamos no momento é de uma liderança corajosa. O líder deve entender sua função em um espectro mais ampliado. Quando se trata dos maiores desafios compartilhados da humanidade, a lacuna entre nossos esforços e nossos problemas está crescendo. Nesse cenário, embora já tenhamos parte significativa da tecnologia e do conhecimento necessários para enfrentá-los, infelizmente ainda não temos lideranças suficientes que coloquem nosso planeta, as economias e a sociedade em um caminho melhor. Precisamos de mais e melhores líderes; ícones de referência dotados de senso de urgência, ambição e muita coragem. Uma liderança revolucionária desprovida da tradicional miopia e que repudie as práticas de *greenwashing*. Somente com ambição, responsabilidade e parceria começaremos a superar nossos problemas sociais e planetários. Muitos postulantes à tarefa supostamente aguardam o "momento ideal".

Na série de TV *Swagger*, produzida pelo astro da NBA Kevin Durant, que tem se mostrado muito mais do que um talentoso jogador de basquete, o personagem Icon, técnico de um time de adolescentes do Ensino Médio, tem o número 24 tatuado no braço. Em um dos episódios, ele explica que é um ensinamento de seu pai sobre "pessoas 24 horas". Uma pessoa 24 horas por dia é alguém confiável o tempo todo, a qualquer hora, confiável sempre! Funcionou muito bem no contexto de um técnico de jovens que deve estar presente para seus pupilos não somente nos treinos, mas em todas as horas de suas vidas. Isso me tocou e me fez perceber que se aplica à vida em geral. Um líder tem de estar presente para sua equipe como profissional e mentor, e ainda ser solidário com amigos, família e todos a seu redor. Hoje em dia me esforço muito para ser um ser humano 24 horas.

Amy Webb, uma das futuristas mais conceituadas de nossa geração, lembra: "visão de futuro tem a ver com preparação e não com previsões. Os bons líderes devem estar preparados para qualquer tipo de situação, e não como se imagina, para todo tipo de situação". Acredito que o líder deve ser a grande referência de valores para seu time ao adotar seu exemplo, ele reverbera o propósito para a sociedade e para o mundo exterior. Encontrei neste gráfico da Harvard Business Review Press, de 2022, uma representação do que poderia se tornar a base para um novo padrão de comportamento do líder e do profissional de marketing na busca por uma sociedade com mais compaixão e empatia.

A compaixão vai além da simpatia e da empatia

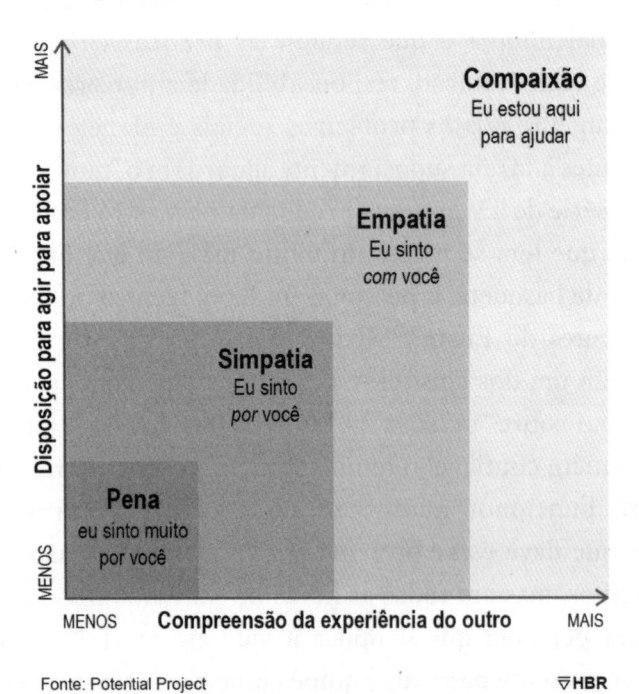

Compaixão
Eu estou aqui para ajudar

Empatia
Eu sinto *com* você

Simpatia
Eu sinto *por* você

Pena
eu sinto muito por você

Eixo Y: Disposição para agir para apoiar (MENOS → MAIS)
Eixo X: Compreensão da experiência do outro (MENOS → MAIS)

Fonte: Potential Project ▽HBR

Reparem que as palavras "empatia" e "compaixão", bem como "simpatia", às vezes são usadas de forma intercambiável. Todas elas representam traços positivos e altruístas, mas não se referem exatamente à mesma experiência. O gráfico distingue visualmente a empatia e a compaixão das experiências semelhantes de simpatia e pena. No canto inferior esquerdo, temos a pena, que indica pouca vontade de agir e baixa compreensão da experiência do outro. Simplesmente sentimos pena deles. Subindo no gráfico para a direita, sentimos simpatia. Há um pequeno aumento em nossa disposição para ajudar e em nossa compreensão do outro. Entrando no campo da transformação comportamental e subindo mais um nível, chegamos à empatia. Com ela, temos uma compreensão próxima e visceral da experiência da outra pessoa, sentimos com ela. Realmente assumimos as emoções do outro e tornamos esses sentimentos nossos. Se conseguirmos chegar nesse estágio, teremos revitalizado as tóxicas relações humanas do presente. Finalmente, no canto superior direito, temos boa compreensão do que o outro indivíduo está vivenciando e vontade de agir. Nosso entendimento da experiência do outro sujeito é maior do que com empatia, porque estimulamos nossa consciência emocional e nossa compreensão racional. A compaixão ocorre quando evoluímos da fase empática e nos perguntamos o que podemos fazer para apoiar quem está em sofrimento.

Que sonho seria viver em um mundo onde a maioria se comportasse com empatia e compaixão, não é mesmo? Em um lugar onde assumimos nosso papel de agentes de mudança e nos tornamos catalisadores de movimentos de generosidade. Esse tema me remete diretamente a grandes exemplos de compaixão, como o emblemático "I have a dream", de Martin Luther King, considerado o melhor e mais inspirador discurso de todos os tempos; e a inigualável "Imagine", de John Lenon:

IMAGINE NO POSSESSIONS

I WONDER IF YOU CAN

NO NEED FOR GREED OR HUNGER

A BROTHERHOOD OF MAN

IMAGINE —
ALL THE PEOPLE
SHARING ALL THE WORLD

Quanta compaixão e sensibilidade. Que obra-prima de letra! Com certeza se trouxermos a empatia para um patamar mais elevado em nossa cultura, cada vez mais a compaixão e os atos de solidariedade irão brotar. O recado está dado: lidere, conecte-se, comunique-se com empatia e o resultado será a compaixão, esse sentimento tão nobre que gera valiosos movimentos de generosidade.

Embora insuficientes, já não são poucos os exemplos de empatia e compaixão a nossa volta. Empreendedores sociais transformando o mundo, filantropos investindo em inovação e mudança, celebridades engajadas em retribuir e ajudar as comunidades em que foram criadas, empresas cidadãs tentando regenerar suas práticas e uma nova geração desafiando o *status quo*. Não poderiam ser as marcas e suas estratégias de marketing uma ponte e um grande elo para potencializar o impacto de todos esses *stakeholders* unidos? Sempre tive a certeza de que sim. Quando do acidente aéreo com o time de futebol da Chapecoense, muitas emoções vieram à tona. Quanta tristeza, quanto sofrimento, quanta irresponsabilidade... No meio de toda comoção, porém, o ser humano mostrou algo belo: compaixão. A forma como o mundo – e se lembrarmos bem, foi todo o mundo mesmo – se solidarizou e se uniu para homenagear as vítimas dessa tragédia foi nobre e contagiante. Uma comoção global impossível de ser antevista se considerarmos a teórica pouca expressão do time do interior de Santa Catarina.

Entendi que muito da crise de compaixão vivida se deve à falta de sensibilidade que a frenética rotina de nosso dia a dia imprime em nossas emoções e nosso espírito de solidariedade, e notei que em grandes eventos, principalmente tragédias, somos chacoalhados e a empatia volta a brotar. Mais uma vez comecei a me questionar. Precisamos de tragédias para realmente acordar? As pessoas precisam morrer ou ficar doentes para as valorizarmos? Não existe um jeito de inverter esse ciclo? Não haveria uma forma planejada de criar esses gatilhos de empatia e movimentos de solidariedade para assuntos sérios e graves que passam por nós despercebidos? Um caminho seria incluir nos desafios do marketing a criação desses movimentos de generosidade. Quando digo criar, na verdade a ideia é se apropriar, pois causas e movimentos não são criados, mas empoderados. Marcas deveriam demarcar territórios de interesse e planejar uma apropriação autêntica desses espaços. A meu ver, isso se dá por estratégia de colaboração e cocriação. Vários atores unidos para solucionar os *gaps* mais críticos de nossa sociedade em uma grande mobilização de real propósito. Vejam bem: marcas funcionando como agentes catalisadores, nunca como heróis. A meu ver algumas marcas e empresas estão bem cientes dessa oportunidade e há algum tempo tentam sofisticar o seu marketing.

Curiosamente, por ter iniciado minha carreira e ter sido formado dentro desta empresa, tenho conexão emocional e enorme identificação com a Unilever. Gosto muito da forma como a marca Dove, hoje comandada pela Thais Hagge, uma das grandes defensoras das iniciativas sobre propósito em nosso país, ousou ser pioneira e protagonista de um marketing mais consciente, com a campanha "Real Beleza". Entendeu de verdade a complexidade dos anseios de seu público e assim entregou às mulheres não só um produto de qualidade inquestionável, mas uma plataforma de empoderamento e engajamento emocional. Um belíssimo exemplo de marketing em prol do coletivo.

As marcas devem também se conscientizar de seu papel como agentes de mudança por terem se tornado importantes produtoras de conteúdo. Está claro que marcas que se mostrarem abertas a um relacionamento revitalizado com seus seguidores conquistarão um ativo muito mais valioso do que uma simples coleção aleatória de cliques e likes de impulso em seus posts e campanhas.

O conteúdo dos feeds das marcas tem sofrido uma desconstrução. O ex-CEO[1] da Bleacher Report, Howard Mittman, destaca o paradoxo da "necessidade versus armadilha". Conteúdos relevantes atingem audiências reais enquanto conteúdos oportunistas são projetados apenas para chamar a atenção fugaz de plataformas algorítmicas, como Google, Facebook e TikTok. Em um cenário em que será cada vez mais difícil obter a monetização de públicos indiretos, as marcas precisarão de entendimento empático de seu público, a fim de construir modelos de negócios sustentáveis no longo prazo. Nesse sentido, tangibilizar o poder da empatia é fator decisivo nessa construção. Para realmente nos conectarmos emocionalmente com problemas que muitas vezes não nos afetam de forma direta, necessitamos também de treino e reprogramação mental. O marketing e sua influência criativa exercem mágico papel e nos auxiliam em uma reaproximação com nossa essência, com a camada mais pura de nossas emoções.

Trazendo mais um exemplo de marketing com propósito, adoro também um projeto chamado "Empathy Museum, a mile in my shoes", uma *pop-up experience* que já rodou alguns países do mundo. É uma estação sensorial em formato de uma grande caixa de sapatos onde você entra, escolhe um tema de seu interesse e calça literalmente o calçado de alguém. Por meio de um fone de ouvido, interage com sua experiência de vida de forma inusitada, profunda e intimista. Esse projeto tem ajudado pessoas a terem contato mais imersivo com causas como discriminação, pobreza, desigualdade, entre outras.

Volto aqui a apresentar algumas de minhas crenças sobre movimentos de generosidade e marketing com exemplos da música e do entretenimento. Tenho os festivais Woodstock, USA for Africa (com nossos maiores ídolos da época cantando "We are the world")

---

[1] CEO, do inglês *chief executive officer*; define a função de presidente ou diretor-geral de uma empresa.

e Live Aid como grandes movimentos de empatia e compaixão, que se utilizaram da música para mobilizar o mundo no combate aos males de nossa sociedade. Explorando os mesmos ingredientes, porém inovando no formato e nas práticas ligadas ao propósito, considero o Global Citizen Festival um caso a ser estudado (https://globalcitizen.org); um festival anual de música iniciado em 2012 e organizado pelo Global Poverty Project. Foi criado por Hugh Evans que, inspirado pelo desafio de substituir as marcas corporativas dos palcos dos concertos por marcas de projetos sociais e instituições de caridade, teve a ideia de realizar um festival diferente, no Great Lawn do Central Park. O Global Citizen, uma marca inovadora de humanitarismo que mobiliza milhões de fãs para acabar com a pobreza extrema, as mudanças climáticas e a desigualdade de gênero em todo o mundo, passou a chamar a atenção de chefes de Estado, líderes empresariais, bilionários e uma lista crescente de admiradores influentes, como Bono Vox, Bill e Melinda Gates, Bill Clinton, Arianna Huffington e Ben Affleck.

Todo esse barulho transformou o Global Citizen em um espaço que atrai, anualmente, *headliners* de peso, como Pearl Jam, Beyoncé, Coldplay, Ed Sheeran, Billie Eilish, Camila Cabello, Jennifer Lopez, Demi Lovato e Elton John, entre outros astros que sobem ao placo junto com políticos, celebridades e empreendedores sociais para disseminar a compaixão e unir a sociedade no combate à pobreza e a outras desgraças. O sucesso do projeto vem do amor e da dedicação de Evans, cujo ativismo começou aos 14 anos. Em 2008, Evans cofundou o Global Poverty Project, dando origem à plataforma e comunidade on-line Global Citizen. Ele entende que falar sobre propósito para um público amplo, como universitários, empresários, executivos e ONGs, é uma extensão da jornada de mudança que ele vislumbrou quando jovem. Seu festival tem dado a todos esses *stakeholders* a possibilidade de fazer a diferença em suas comunidades, suas empresas e, consequentemente, no mundo.

O Global Citizen é um movimento de cidadãos engajados, uma verdadeira corrente de generosidade em uma combinação de conteúdo e eventos; uma inteligente plataforma de ação e um autêntico posicionamento de marketing. Um dos diferenciais desse marketing está no seu formato inovador de distribuição de ingressos àqueles que efetivamente se mobilizam nas campanhas e nos abaixo-assinados em prol da eliminação da pobreza universal. Basicamente esse sistema funciona assim: ao contribuir para atos de caridade nos canais digitais do evento, como assistir a vídeos e assinar petições, os fãs conseguem ingressos gratuitos para o festival. Em sua plataforma, os "cidadãos globais" (como são chamados os membros dessa comunidade) aprendem sobre as causas sistêmicas da pobreza extrema, atuam nessas questões e ganham recompensas por suas ações. Outro diferencial importante é que os objetivos do festival estão estreitamente alinhados com os Objetivos de Desenvolvimento Sustentável (ODS) da Organização das Nações Unidas (ONU) – assunto que explico melhor no próximo capítulo. Desde seu lançamento, cidadãos globais em todo o mundo realizaram mais de 24 milhões de ações para direcionar os líderes mundiais para acabar com a pobreza extrema até 2030, entre outros desafios. O Global Citizen tem potencializado seu enorme impacto na eliminação da pobreza global, insegurança alimentar e mudanças climáticas ao aproveitar o poder da música e de artistas, bandas e músicos benevolentes, que doam seu tempo e sua paixão para as causas sociais. Sempre inovando, o projeto ampliou seu impacto e alcance investindo em games, esportes, metaverso e influenciadores, trazendo para o movimento novos e importantes *players*, como empresas de games, plataformas digitais, equipes e ligas de esporte, criadores de conteúdo, empresas de produção, escolas e faculdades.

Um dos maiores feitos da história do entretenimento e dos movimentos de generosidade se deu na pandemia, quando o Global Citizen organizou o especial "One World: together at home", concerto virtual convocando o mundo a tomar ações significativas para proteger a saúde e apoiar a resposta global à Covid-19. A iniciativa também visou apoiar e homenagear os bravos profissionais da saúde que se arriscaram e salvaram vidas nas linhas de frente. Com curadoria e colaboração de Lady Gaga, o evento reuniu celebridades como Alanis Morissette, Andrea Bocelli, Billie Eilish, Chris Martin, David Beckham, Eddie Vedder, Elton John, Finneas O'Connell, Idris Elba, John Legend, Keith Urban, Paul McCartney, Priyanka Chopra Jonas e Stevie Wonder, só para encabeçar a lista.

O fato que mais me chamou a atenção foi a união de diversos canais (que comumente disputam os direitos de exclusividade de transmissão) na exibição desse grande exemplo de compaixão. Foram eles, nos Estados Unidos: NBC, ABC, CBS, The CW, Univision, BET, BET Her, CMT, Comedy Central, Logo TV, MTV, MTV2, MTV Classic, MTV Live, Nickelodeon, Paramount Network, POP, TR3S, TV Land, VH1, Bravo, E!, MSNBC, NBCSN, Syfy, Universo, USA Network, Walt Disney Television, Freeform, National Geographic, Bounce TV, Laff, Bloomberg Television, AXS TV, iHeartMedia. Transmitiram também em streaming várias plataformas digitais, como Apple, Facebook, Instagram, LiveXLive, Amazon Prime Video, Tidal, TuneIn, Twitch, Twitter, Roblox, Yahoo! e YouTube. No Brasil, exibiram a atração: Rede Globo, Multishow, Comedy Central, MTV, Paramount Network, VH1 HD, VH1 MegaHits, TNT, AXN e Sony Channel. Incrível, não?

O Global Citizen trabalha em parceria com ONGs para entregar audiência e valor aos seus parceiros de maneira realmente impactante. Sua capacidade única de mobilizar o público em massa em um expressivo movimento de generosidade tem trazido para a conversa grandes marcas e anunciantes que percebem quão importantes são projetos como esses para o futuro de suas companhias. Entre elas: Citi, P&G, Cisco, Verizon, Delta, Live Nation, Accenture, Access, Google, Salesforce e Coca-Cola. O Global Citizen é uma prova de que, com empatia em nossos corações e rodeados de pessoas com objetivos comuns, ampliamos o atingimento e o impacto das transformações estruturais. Durante a pandemia, reforçamos o poder de um modelo de organização coletiva em que entendemos muito bem a força dos diferentes *players* e o potencial de suas sinergias. Gosto de imaginar a disseminação dessa cultura mais colaborativa, em que a força dos movimentos de generosidade bem-planejados, com grupos de diferentes tribos apoiados por parceiros estruturados e municiados pela tecnologia, possibilitará a cocriação de um tão sonhado mundo.

Quais outras ações de marketing poderiam se tornar grandes movimentos de generosidade?

1. _____

2. _____

3. _____

as **grandes** causas
e o *social* **impact** marketing

CAPÍTULO 5

Um passo importante na reconstrução de nossa sociedade foi a "Agenda 2030 para o Desenvolvimento Sustentável", adotada por todos os estados-membros da ONU em 2015. Esse tratado fornece um plano compartilhado de paz e prosperidade para as pessoas e o planeta, agora e no futuro. No seu cerne estão 17 objetivos de desenvolvimento sustentável (ODS) que representam um apelo a todos os países, desenvolvidos e em desenvolvimento, por uma parceria global. Um conjunto de ações que reitera que para um plano acabar com a pobreza e outras privações no mundo deve andar de mãos dadas com estratégias que melhorem a saúde e a educação, reduzam a desigualdade, estimulem o crescimento econômico e ao mesmo tempo combatam as mudanças climáticas. Imaginem o mundo em 2030, totalmente sustentável e inclusivo! Com base no princípio de "não deixar ninguém para trás", essa agenda enfatiza uma abordagem holística de modo a alcançar o desenvolvimento sustentável global. Adiante vemos a identidade visual dos 17 ODS que mostra cada objetivo individual em caixas distintas. São eles: meta 1 – erradicação da pobreza; meta 2 – fome zero; meta 3 – boa saúde e bem-estar; meta 4 – educação de qualidade; meta 5 – igualdade de gênero; meta 6 – água limpa e saneamento; meta 7 – energia acessível e limpa; meta 8 – emprego digno e crescimento econômico; meta 9 – indústria, inovação e infraestrutura; meta 10 – redução das desigualdades; meta 11 – cidades e comunidades sustentáveis; meta 12 – consumo e produção responsáveis; meta 13 – combate às alterações climáticas; meta 14 – vida debaixo d'água; meta 15 – vida na Terra; meta 16 – instituições fortes de paz e justiça; meta 17 – parcerias para atingir a meta.

Quais são seus planos para uma vida mais próspera com os seres humanos e o planeta?

1._____

2._____

3._____

Além do compromisso da ONU, só seremos bem-sucedidos se governos, setor privado e sociedade civil trabalharem juntos de forma coordenada, integrada e eficiente. A transformação de que precisamos exige que reconheçamos que todos são atores do desenvolvimento. Coletivamente, estamos nos movendo, mas não com agilidade suficiente. A mudança climática não é linear, é exponencial: quanto pior, mais rápido vai. O comprometimento das empresas com esse assunto está crescendo, mas muitas vezes está longe do necessário, e a lacuna entre políticos e líderes empresariais ainda é grande. Tem faltado coragem entre os líderes, que geralmente preferem "barrigar" o problema, definindo, por exemplo, metas para 2050, quando a verdadeira janela para reduzir as emissões globais é agora. Precisamos descontruir a narrativa. Fica difícil aceitar no mundo atual a falta de senso de urgência. Será que não percebemos a gravidade da situação? Apontando para as mudanças climáticas, desigualdades sociais e outros desafios sérios, considero que "o relógio está correndo" e estamos muito atrasados para realizar a Agenda 2030.

As mudanças climáticas estão devastando o planeta e um número impressionante de crianças e jovens, especialmente meninas e mulheres, ainda não têm acesso à educação básica e a serviços de saúde. Talvez o grave risco da crise iminente, da ameaça climática, do desenvolvimento de tecnologias perigosas, é que, se não repensarmos tudo e demorarmos muito para fazer algo a respeito, estes próprios agentes farão algo conosco, e então nunca mais seremos capazes de agir. Se os déficits mundiais não forem resolvidos agora, viveremos uma distopia em que o caos climático, as guerras, a injustiça social e a tirania tecnológica ameaçarão o próprio destino da humanidade. Com sabedoria e planejamento, podemos lançar as bases para uma prosperidade econômica saudável, verde e inclusiva. Agindo juntos, conseguimos sair do precipício e fazer a diferença para as próximas gerações. Não nos enganemos: não pode haver adiamento dessas difíceis escolhas. David Attenborough, no brilhante *A life in our planet*, cita: "A verdade é que, com ou sem nós, o mundo natural se reconstruirá. Não se trata mais de salvar o planeta, trata-se de salvar a nós humanos". Importante lembrar que para salvar os humanos precisamos, antes de tudo, nos conhecer, nos entender, nos aceitar e nos integrar.

Ao ser escolhida como sede dos Jogos Olímpicos de 2024, Paris deu um excelente exemplo e lançou um dos esforços mais ambiciosos do mundo para se tornar mais sustentável: adotou o conceito de "cidade 15 minutos", um projeto que redesenhou todo seu sistema de transportes, habitação, empregos e espaços públicos, visando reduzir deslocamentos.

CIDADE 15 MINUTOS

Será que ideias como essas não poderiam ser criadas pelo marketing de grandes empresas do mundo? Tenho chamado este novo nicho de oportunidade de *social impact marketing*. São campanhas que abordam temas ligados ao propósito, como: inclusão, diversidade, aquecimento global, preservação do meio ambiente, racismo, injustiça social, economia circular, moda sustentável, ecoturismo, fontes de energia renováveis, gastronomia social, voluntariado, aceitação do corpo, etarismo, imigração, mobilidade urbana, reciclagem, saúde mental, respeito aos povos originários, empoderamento feminino, entre outros. Vamos tomar um desses temas como exemplo.

No campo da diversidade e inclusão, muitos avanços têm sido feitos, mas durante um longo período o sistema perpetuou, e ainda perpetua, um padrão muito claro de profissionais, os quais são sempre recrutados nas mesmas universidades e nos mesmos cursos, resultando obviamente em hegemonia e falta de diversidade no ambiente corporativo. Por isso, a maioria das pessoas nos cargos de liderança das empresas seguem o perfil de homem, branco, cis, hétero, meia-idade, classe média alta, o qual está sofrendo para se adaptar ao atual momento disruptivo. Eu mesmo me enquadro nesse estereótipo e tenho me esforçado muito para reprogramar minha mente e compreensão quanto ao funcionamento do mundo e meu novo papel como cidadão evoluído, e não neandertal.

Em um país tão diverso como o Brasil, claramente a discussão com todos os *stakeholders* não é mais sobre a relevância da diversidade ou mesmo o impacto positivo nos resultados financeiros. A questão é acreditar na diversidade como uma arma poderosa para o crescimento sustentável dos negócios e investir na mudança, garantir que seja feita de forma visceral e autêntica. O começo é para ontem! Ainda revendo meus conceitos, passei a considerar a meritocracia um mito. A quebra desse paradigma é fundamental para criarmos oportunidades realmente justas para as mulheres e darmos a todas as minorias a chance de sentar na mesa para a tomada de decisões. Pare para pensar: quão realmente diverso é seu time de colaboradores? E seu time de liderança? E seu comitê executivo? E o tão importante Board? Volto a afirmar, sem mudar o Board nunca mudaremos efetivamente o mundo.

Falando de marketing, temos de ditar o tom da transformação. Fico muito feliz quando empresas como a Pepsico, a partir de uma *love brand* como Doritos, decide ousar e, na ocasião, sob a batuta da craque Daniela Cachich, lança o produto Doritos Rainbow e tem a firmeza de patrocinar um dos maiores eventos de nosso país: a parada do orgulho LGBTQIAPN+! Um bom exemplo de *social impact marketing*. A Dani é uma referência na área do propósito e uma frase muito utilizada em suas palestras mexe bastante comigo: "Sua responsabilidade é do tamanho do seu privilégio".

Sou do tempo que empresas com o selo ISO 9000 eram respeitadas e tomadas como referência. No momento, muito mais se faz necessário. Na era do propósito, novas e brilhantes iniciativas de capacitação e controle têm emergido e, entre elas, dois selos que admiro bastante. Em uma conversa sobre *social economy* promovida pela Schwab Foundation for Social Entrepreneurship, a indiana Jeroo Billimoria, uma das mais incríveis empreendedoras socias do mundo, apresentou o Catalyst 2030 Business Commitment, selo de reconhecimento a empresas privadas que trabalham com negócios de impacto social (https://catalyst2030.net). Muito prestígio também tem o selo B Corp, e toda empresa do planeta deveria almejá-lo. O selo é emitido pela B Lab (https://bcorporation.net/), uma network de empresas, sem fins lucrativos, que atua na transformação da economia global, visando beneficiar pessoas, comunidades e o planeta.

Seus padrões e processo de certificação inspiram mudanças nos sistemas econômicos a partir de uma visão coletiva de economia inclusiva, equitativa e regenerativa. Seus programas e ferramentas ajudam as empresas B e não B a planejarem um futuro mais sustentável. No Brasil, o B Lab é representado pelo Sistema B Brasil e é liderado pelo brilhante Rodrigo Santini, um expert da área do propósito, que me ensinou a seguinte frase: "Quem é de verdade sabe quem é de mentira". Também aprendi com ele e seu time que a missão do B Lab e do Sistema B está baseada na "Teoria da mudança", a qual sugere um mundo em que todas as partes interessadas nos negócios, não apenas os acionistas, são valorizadas e priorizadas. O B Lab, acredita nessa premissa e, desde seu início em 2006, trabalha para aproveitar o poder dos negócios como força para o bem. Com essa missão, o movimento B Corp conquistou credibilidade para liderar essa revolução. O sistema econômico vigente não consegue cumprir seu papel social, mas continua prometendo criar impacto positivo. Esse é o grande problema. Na verdade, cria impactos negativos significativos para as pessoas, comunidades e para o planeta.

No Brasil cada vez mais empresas estão virando Empresas B, inclusive a Motivare, minha agência de *experiential* marketing. Trabalhamos duro não para nos tornarmos as melhores empresas do mundo, mas sim as melhores empresas para o mundo. Cabe a nós acelerar essas mudanças em nossas organizações e conselhos de administração e ter foco e métricas para garantir crescimento e longevidade. Um conceito sensacional utilizado pelo B Lab é o do JEDI: justiça, equidade, diversidade e inclusão. O JEDI é a estrutura de como devemos construir equipes, cultivar líderes e fazer dos negócios uma força para o bem. Decupando o JEDI, entendemos que a justiça desmantela as barreiras aos recursos e às oportunidades na sociedade para que todos os indivíduos e as comunidades possam viver uma vida plena e digna. A equidade é fundamental para atrair e obter os melhores resultados nos negócios por meio de políticas, processos e programas que valorizem as diferenças e criem um ambiente de trabalho justo e seguro para os funcionários. Fica comprovado que a diversidade de idade, raça, etnia, identidade de gênero, orientação sexual, capacidade física ou mental, neurocognição e experiência vivida torna as organizações mais eficazes. A inclusão, por sua vez, acelera as mudanças culturais, garantindo a todas as vozes fazerem parte da conversa.

Que justiça, equidade, diversidade e inclusão não sejam meras palavras, mas premissas que sirvam de base para a sociedade ideal. Na famosa série do cinema, *Guerra nas Estrelas*, os jedis eram uma nobre ordem de protetores caracterizados por sua capacidade de explorar o poder da força. A Ordem Jedi, como ficou conhecida, era a guardiã da paz e da justiça na República Galáctica. Na saga, Obi-Wan Kenobi é um lendário Mestre Jedi conhecido por sua sabedoria e habilidade com o sabre de luz. Ele também é um grande líder, tendo treinado Luke Skywalker e Anakin Skywalker, e peça fundamental para provocar a queda dos Sith; um verdadeiro herói do universo Star Wars. Desafio aqui todos os leitores e, claro, profissionais de marketing a se inspirarem em Obi-Wan e disseminarem o conceito do JEDI (justiça, equidade, diversidade e inclusão), além de aplicá-lo em suas empresas e vidas.

SUA

RESPONSABILIDADE

É **DO TAMANHO**

DO **SEU**

— PRIVILÉGIO

Já entendemos que a transformação socioeconômica será universal e substancial. De forma mais ampla, ao considerarmos todos os ajustes econômicos e sociais necessários para criar o mundo ideal, é importante não perdermos de vista o contexto maior: os riscos de longo prazo decorrentes da manutenção do *status quo* é infinitamente maior do que qualquer dificuldade que tenhamos de enfrentar nessa jornada de transição. Hora de arregaçar as mangas e botar para quebrar. Mas como inserir o marketing nesse contexto de transformação? Toda essa grande revolução ideológica, comportamental e tecnológica tem acelerado a redefinição de papéis das diferentes atividades, e o marketing do futuro, além de vender e divulgar produtos, também terá de gerar impacto social. Muito interessante que o Festival de Cannes, o tradicional e mais importante evento da área de marketing e comunicação, tem premiado cada vez mais trabalhos que envolvam causas sociais e que geram engajamento do público. Percebe-se que o escopo do segmento tem se ampliado da publicidade tradicional de produtos ou serviços para a construção de um ecossistema de marca com propósito social. As empresas que adotam essa premissa como a razão de sua existência veem mudança significativa na forma como seu marketing é concretizado.

Na última década, consumidores de todo o mundo aumentaram suas expectativas sobre o papel desempenhado pelas empresas na sociedade e estão demonstrando esse anseio com seu poder de compra. Os desafios se tornaram mais complexos e multidisciplinares, fazendo do propósito uma tendência emergente nos negócios em que as empresas definem sua razão de ser baseadas no bem que fazem para as pessoas e o planeta. Esse caminho permite que as organizações estabeleçam vantagem competitiva e criem oportunidades, a fim de maximizar lucros e criar valor para os acionistas. No meu ponto de vista, os principais benefícios trazidos pelo *social impact marketing* são seu impacto e seu poder de transformar temas ligados ao propósito em assuntos de conversas cotidianas. Quando falamos de impacto estamos tratando o conceito mais amplo da palavra. Para mim, é diferente de alcance. Impacto gera reação, seja ela física, mental ou emocional. Assim, ao falarmos em transformação cultural e mudanças em escala, devemos ter em mente que essas não acontecem de uma vez; o impacto positivo ocorre em um processo de três fases: a conscientização, a inspiração e o impacto.

O marketing e suas técnicas têm o poder de gerar experiências que conscientizem as pessoas de maneira lúdica e emocional sobre os diferentes problemas da humanidade. Pessoas conscientes e continuamente inspiradas por mensagens otimistas se agrupam com mais gente que divide os mesmos ideais. Esse grupo consciente e inspirado se empodera e, buscando celebrar suas descobertas, se inflama para o impacto, para a real transformação cultural. Reparem que estamos falando de um processo – conscientização, inspiração e impacto – para assim chegarmos às ações e mudanças.

Nesse escopo, as marcas e corporações se tornam protagonistas ao investir seus recursos, seu talento e sua criatividade para inserir as causas e o propósito em sua comunicação de forma autêntica e fluida. A autenticidade é alcançada quando o DNA das mensagens de produto se mistura ao DNA das crenças de seus colaboradores e consumidores. Parece complicado, mas não é. O segredo é incluir mais uma etapa no processo criativo, que coloque um grande holofote sobre temas e possíveis soluções para os problemas pelos quais sofrem a humanidade. Feito isso, basta acreditar em uma estratégia bem-construída de *social impact marketing* e ter resiliência e coragem para entender e agir em cada uma das fases da transformação cultural. Embora muitos profissionais de marketing possam não saber, poucas profissões geram mais emissões de carbono do que essa indústria. Para um ramo orgulhoso da empatia e da criatividade, essa pode ser uma verdade desagradável. Jonathan Wise, cofundador da agência Purpose Disruptors, trabalhou em estratégia criativa por décadas, elaborando campanhas que impulsionaram as vendas de empresas como Nestlé, Shell e Kraft. Ao concluir um programa de pós-graduação em sustentabilidade, afirmou: "Entendi que quanto melhor eu fazia meu trabalho, pior eu tornava o mundo". Isso me levou a pensar que tipo de responsabilidade eu tinha no assunto e se eu poderia mudar as coisas para melhor.

Agora imaginem um cenário futuro em que o *social impact marketing* seja uma ferramenta usual: mensagens inspiracionais e histórias de importantes agentes de mudança permeiam nossa vida e estão nos nossos *feeds*, nossa TV, nosso rádio e em todo e qualquer meio de comunicação. Essa nova missão do marketing terá papel fundamental na criação de novos valores na sociedade. Além dos pontos de contato, outro desafio para gerar impacto social está diretamente ligado à qualidade das experiências. Muitas vezes um cidadão comum não se sente atraído por questões sociais por considerar o assunto chato. Outras vezes, complicado. Em outras, distante ou ainda muito piegas. Confio na força do *social impact marketing* para a mudança dessa percepção a partir da criação de grandes experiências regadas de propósito. Para tentar enriquecer esta conversa sobre *social impact marketing*, traço aqui um paralelo com a área do cinema, que aproveitou de toda sua magia para tornar questões sociais mais palatáveis para uma audiência massiva. Há alguns anos tomei conhecimento do conceito do *social impact entertainment*, cunhado pelo empresário e filantropo Jeffrey Skoll.

Skoll foi o primeiro funcionário em tempo integral e primeiro presidente da eBay. Liderou um bem-sucedido IPO, tornando-se bilionário. Acreditando que jovens empreendedores, em geral, estão muito ocupados administrando suas empresas, mas entendendo que, quando mais velhos, desenvolvem propensão a se envolver com um propósito maior, Skoll criou seu próprio portfólio inovador de empresas filantrópicas, porém comerciais, cada uma alavancando mudanças sociais. Visando dar vida à sua visão de um mundo sustentável, de paz e prosperidade, fundou a Participant Media, um modelo de estúdio que investe em relevantes produções cinematográficas, estilo Hollywood, mas que tenham como objetivo gerar impacto social. Além de documentários maravilhosos e importantíssimos, como *Uma verdade inconveniente, Citizenfour, A enseada* e *Indústrias americanas*, o Social Impact Entertainment engloba também obras com cadência e *storytelling* diferentes. Estamos falando aqui de grandes *blockbusters* como *Greenbook: o guia, Luta por justiça, The post: a guerra secreta, Roma, Spotlight: segredos revelados, Extraordinário, Olhos que condenam* e *Judas e o Messias negro*. Esse formato se mostrou muito poderoso junto às audiências, aguçando a curiosidade e aumentando o conhecimento de diferentes problemas que afetam nossa sociedade. Essa foi uma significativa quebra de paradigma e hoje nos acostumamos a buscar algo mais do que entretenimento em nossos momentos de lazer. Já repararam na quantidade de filmes e séries inspirados em fatos e histórias reais? Outros estúdios renomados aproveitaram o nicho de oportunidade e lançaram filmes e séries brilhantes, como *Argo, Clube de compras Dallas, As golpistas, Chernobyl* e *Dopesick* .

Em 2008 pude fazer meu primeiro projeto de *social impact marketing* que me encheu de orgulho. Apesar da visibilidade, acredito que teria tido repercussão muito maior nos dias de hoje. Fomos chamados pela Natura para o desenvolvimento de um grande projeto de Natal. Na época, os dois maiores destaques sobre o tema eram as árvores da Lagoa Rodrigo de Freitas, no Rio de Janeiro, e a do Parque Ibirapuera, em São Paulo. Aproveitando a pegada mais sustentável da empresa, criamos o "Natal Consciente Natura – Feliz Brasil para você!". Alinhadas às crenças e aos valores e símbolos da Natura, as "árvores conscientes" foram os ícones para a celebração de um Natal mais social no país. Espalhamos pelos diferentes parques do Brasil esculturas gigantes (12 metros de altura cada uma) em forma de árvores de Natal, 100% produzidas com materiais recicláveis (garrafas PET de refrigerante, latas de alumínio, borracha de pneus, estrado de madeira, embalagens plásticas e de papel longa-vida). Convidamos o artista de intervenções urbanas Eduardo Srur, que criou 26 obras. O "Natal Consciente Natura" foi concebido para ser muito mais do que uma exposição comum. Além de arte sustentável como intervenção urbana nas ruas, nos parques e nas praças de São Paulo, Rio de Janeiro, Porto Alegre, Belo Horizonte, Salvador e Brasília, cada "árvore consciente" contava com uma decoração de luzes, carregada por energia solar e ativada todas as noites, criando um ambiente de beleza e poesia. Para fechar com chave de ouro a iniciativa, ao fim do projeto, todo o material utilizado nas "árvores conscientes" foi reprocessado e enviado para reaproveitamento em ONGs, gerando novos produtos e enfatizando o conceito de consumo consciente.

A alegria que sentimos ao ver avós, pais e netos juntos, celebrando uma data tão importante, mas ao mesmo tempo discutindo questões vitais à humanidade, foi indescritível. Em cada obra um grupo de monitores orientava atividades de integração e dava dicas para uma vida mais consciente. O projeto encantou tanto que nossas estrelas, as "árvores conscientes", tiveram participação especial em cena da novela *A Favorita*, em horário nobre na Rede Globo. Foi uma iniciativa inovadora para a época pela mensagem e magnitude, realizada apenas por termos no país uma empresa com tanto propósito como a Natura, liderada naquele momento pelo amigo José Vicente Marino, com o qual até hoje discuto ideias ligadas ao propósito.

Existem muitas oportunidades para projetos desse quilate no escopo do *social impact marketing*. Como falamos, propósito pode ser tema de diversos formatos de conteúdo, como: minisséries, programas de entrevistas, *cooking shows*, desfiles de moda, festivais, workshops, campanhas de propaganda, eventos etc. Por falar em eventos, sinto falta de um proeminente evento disruptivo e sensorial sobre o tema. Uma grande Disney do propósito não me sai da cabeça. Um projeto que teria marcas regenerativas como cofundadoras em vez de patrocinadoras. As marcas funcionando como importantes produtoras de conteúdo, amplificando seu escopo e sua missão. Um ativo relevante em que o propósito se mistura com a real essência das marcas e empresas em uma grande cocriação, inspiração e celebração de um mundo mais plural, diverso e sustentável. Essa ideia está em constante *work in progress* na minha mente.

Um outro conceito que tenho tentado viabilizar nesse modelo é o link deste ativo de marketing com o escopo de uma fundação. Assim, poderia atrair também a participação de filantropos, fundações e *family offices*, que estariam doando e catapultando indiretamente as diferentes causas e ONGs por meio de uma iniciativa de *social impact marketing*.

Continuo comprometido em utilizar toda minha experiência e know-how em marketing para fazer do propósito e da empatia muito mais do que metas de cidadania. Gostaria de viver em um mundo onde o propósito fosse um costume. Boa sorte e vida longa ao *social impact marketing*.

a **geração** da **mudança**:
os **fãs** da geração c

CAPÍTULO **6**

A população mais significativa da era do propósito é composta por nossos jovens, os que vão mudar ou perpetuar tudo, que serão os futuros líderes e formarão o mercado consumidor. Os jovens sempre estiveram na vanguarda de todos os movimentos de mudança social significativos nos últimos 150 anos, desde Woodstock até a Primavera Árabe, por exemplo. Mais recentemente, desbravadores como Malala Yousafzai e Greta Thunberg demonstraram como a mudança liderada por jovens pode ser poderosa. A chamada geração Z controla mais de 3 trilhões de dólares em gastos anuais e é um tipo de consumidor completamente diferente daquele do passado. Estudos apontam que 84% dos adolescentes examinam os produtos com base no impacto social antes de comprá-los e 62% desejam que as marcas tenham iniciativas de mudança social das quais possam participar.

Assim, tentando decifrá-los, teorias e mais teorias sobre as novas gerações surgem a cada dia, visando auxiliar o profissional de marketing a entender o perfil e o padrão de comportamento do consumidor moderno, para então elaborar uma forma de desenvolver plataformas que engajem essas mentes inquietas e em constante evolução. Nesse processo, nomenclaturas, como Geração X, Y ou Z, são criadas na tentativa de encontrar padrões de comportamento e hábitos de consumo. Mesmo acreditando que datas de nascimento similares não garantem uniformidade, defendo que as mudanças demográficas e culturais compartilhadas por um grupo nos dizem muito sobre sua visão de mundo. Ao ler o livro *The perennials: the megatrends creating a postgerational society*, de Mauro Guillén, ex-reitor da Judge Business School da Universidade de Cambridge e vice-reitor da The Wharton School da Universidade da Pensilvânia, me deparei com um novo conceito, o de perennials. Esse grupo de pessoas não é definido por sua geração, mas pela variedade de idades, matizes e tipos que transcendem estereótipos e fazem conexões entre si e com o mundo ao seu redor. Guillén explica que, enquanto em um passado não muito distante coexistiam no mundo no máximo quatro ou cinco gerações de pessoas, agora temos oito habitando o planeta simultaneamente. Essas transformações estão gerando uma revolução pós-geracional, que irá remodelar a vida de pessoas e a organização de empresas, impactando os rumos da sociedade.

Perennials, baby boomers, Geração X, Geração Y, Geração Z, *millennials, alpha*: esses são os rótulos mais recentes que, embora inexatos, nos ajudam a compreender a evolução da sociedade. Ficamos sempre na espera de um novo chavão para denominar a próxima geração e, em um post de Jon Polin, Bruce Clark e Paige NeJame, me deparei com uma definição da Geração C que muito me agradou. É tão bem adaptado, que eu confio na sua consolidação:

> C é para covid, C é para carbono, C é para clima. A combinação de anos de escola passados em casa, de máscara, combinados com a significativa revolução (econômica, política e social) a que o nosso industrialismo nos levou significa que esta geração será diferente das anteriores. Cada decisão, investimento e interação

> serão filtrados pelas lentes do carbono, da remediação e da resiliência. E, no entanto, se combinarmos isso com o C de conexão, de um grupo de pessoas que está encontrando consolo e possibilidades na comunidade, há uma chance para todos nós. A geração C não pediu pelo posto de salvadores da humanidade, mas espero que eles estejam prontos para liderar a mudança.

As pessoas também adoram a conversa de gerações por se sentirem atraídas a definir algo que intuitivamente sentem em relação aos jovens. Esse desejo fica ainda mais forte quando se percebe a rapidez das mudanças e a carência de autoidentificação no novo funcionamento do mundo. Infelizmente, porém, a conversa sobre as gerações geralmente se transforma em estereótipos, já que os rótulos geracionais necessariamente agrupam pessoas com ampla variedade de experiências. Provavelmente ficaríamos irritados se fizéssemos com gênero ou raça o que insistimos em fazer com as gerações.

Generalizar também é imprudente porque o processo de rotular gerações raramente é científico. Claro que gerações coexistentes no mundo tiveram experiências significativamente diferentes. *Baby boomers* e *millennials*, por exemplo, atingiram a maioridade em eras com tecnologias, paradigmas de educação e trabalho marcadamente díspares, porém o curso da vida não é tão sincronizado como antes, quando todos faziam as mesmas coisas ao mesmo tempo. Washington Olivetto nos ensina que as redes sociais das décadas passadas eram as fofoqueiras de plantão nas janelas e varandas das cidades. Isso significa que, daqui em diante, em função da diversidade da experiência humana, devemos tentar evitar amplos rótulos geracionais. O que sabemos é que, independentemente de rótulos, essa nova Geração C não pensa em silos. É uma geração transcultural ou culturalmente fluida, que não se importa com raça, gênero ou origem; eles valorizam a geração de impacto no mundo. São pessoas desejosas de experiências físicas novamente, mas que navegam sem solavancos pela esfera digital concomitantemente. Uma geração de jovens que se veem como criadores e buscam autenticidade. Uma geração de diferentes tribos. Uma geração mais consciente e conectada. Nessa questão, o maior equívoco para qualquer profissional de marketing é a miopia. Muito comum em uma era na qual quem dita os discursos são os cérebros com transistores, quando quem os recebe têm cérebros equipados com chips.

Pecamos pelo não entendimento de que esse novo grupo de consumidores, por mais moderno que seja, em sua essência mais significativa, é composto por gente como a gente, ser humano, e não mera estatística. Prego que os integrantes das ditas Gerações X e Y, os *baby boomers*, os *millennials*, os *alpha* ou de qualquer outro jargão que queiramos inventar, representam os consumidores do momento e não passam de um grupo de indivíduos, como os de qualquer outra época. Claro que vivem em um mundo radicalmente distinto, porém com os mesmos anseios existenciais e, consequentemente, carentes de mensagens éticas que não só atendam suas necessidades físicas e psicológicas, mas que também respeitem sua inteligência e dignidade. Em meus projetos, me concentro em analisar o ambiente no qual estamos inseridos. Um panorama dinâmico, acelerado, conectado, multidisciplinar e transmidiático, que me obriga a ser criativo nos formatos utilizados e nas experiências desenvolvidas.

Percebi que quão mais complexas as variáveis, maiores as oportunidades de se tornar inovador. Até porque sempre procuro colocar a modernidade em uma perspectiva mais abrangente do que a comum rotulagem e verborragia vigente. Tenho ciência de que em todas as fases da história, desde o período das cavernas, a modernidade sempre existiu e rompeu barreiras, mas o ser humano, como agente das inovações, sempre foi e será o mesmo. Brilhante, genial, destemido, mas, ao mesmo tempo com um conjunto de características imutáveis. Somos racionais, mas não deixamos de ser um grupo animal.

Recentemente li um artigo sobre um garoto que assiste a conteúdos na velocidade de 1,5x para que possa acompanhar o máximo de programas possível. Lembrei-me de uma época em que ninguém se gabava da quantidade de programas de TV a que assistia. Recordei ainda como as garotas guardavam seus maiores segredos em agendas e diários secretos. Hoje está tudo exposto nas redes. Todos pressionados socialmente para postar sua felicidade, seus pores do sol, suas lasanhas, suas pérolas de conhecimento... Essa reversão completa de valores é fundamental para contextualizarmos a nova geração.

Fui ensinado que era errado ser *poser*, falastrão e que nada era pior do que se vender; que as coisas aconteciam naturalmente, no tempo e espaço corretos. A tecnologia mudou esse prisma. Felizmente a autenticidade ainda segue imutável como mola propulsora das transformações.

Para mim, a Teoria de Maslow nunca sairá de moda e sempre nos ajudará a entender o ser humano. Aos que não conhecem, essa teoria coloca em uma pirâmide nossas diferentes necessidades (básicas, psicológicas e de autorrealização) e nos explica que, à medida que elas são satisfeitas, passamos a um nível mais elevado, mais sofisticado, buscando maximizar nosso bem-estar e o potencial humano.

Auto atualização:
alcançar todo o potencial, incluindo atividades criativas

Necessidades de estima:
prestígio e sentimento de realização

Necessidades de pertencimento e amor:
relacionamentos íntimos, amigos

Necessidades de segurança:
segurança, proteção

Necessidades fisiológicas:
comida, água, calor, descanso

Necessidades de autorrealização

Necessidades psicológicas

Necessidades básicas

Em primeiro lugar na pirâmide estão as necessidades fisiológicas, que são as mais básicas do ser humano, indispensáveis à sobrevivência, como alimentação, sono, água e ar. Em seguida estão as necessidades de segurança: estabilidade financeira e familiar, emprego, segurança física e saúde; aspectos que influenciam a preservação emocional do indivíduo e, uma vez em ordem, permitem que a caminhada em busca da autorrealização prossiga. O próximo andar da pirâmide é o das necessidades sociais, com elementos ligados aos relacionamentos interpessoais: pertencimento, amizade, amor e família. Isso a pessoa encontra ao ter bons amigos em quem confiar e ao desenvolver relacionamentos saudáveis com seus pais, irmãos, pares românticos, colegas de trabalho e pessoas com quem compartilhe interesses comuns. O passo seguinte na escalada é a conquista das necessidades de estima. Aqui podemos citar a aceitação dos outros, o senso de respeito e ainda nossa própria autoestima. São elementos ligados ao ego e ao status, que, quando atingidos, impulsionam a motivação por meio de reconhecimento e prestígio. Finalmente, no topo temos as necessidades de autorrealização. Pessoas autorrealizadas são mais alegres, empáticas, generosas e, claro, realizadas, além de terem mais independência, autoaceitação e espontaneidade.

Os profissionais de marketing deveriam revisitar essa teoria com maior frequência. Maslow nos mostra que a motivação humana valoriza experiências positivas e tem seu ápice em momentos nos quais estamos em completa harmonia com nossa alma e o mundo ao nosso redor. Consumidores são pessoas, consumidores somos nós, e pessoas carecem de ser satisfeitas, e não impressionadas. Sempre brinco que, entendendo nosso público, deixamos Maslow orgulhoso.

Com isso em mente, me dedico de forma incansável à busca por mensagens autênticas, que façam sentido na relação das marcas com a Geração C. Muito me incomoda o fato de que marqueteiros recorrentemente pequem nesse quesito. Ao assumirem terem matado a charada do formato inovador, que aparentemente agradará seu novo público, vários profissionais se dão ao luxo de negligenciar o conteúdo, resultando em campanhas com promessas vazias e/ou mentirosas.

Quando falamos de consumidores e padrões de comportamento, principalmente dos jovens, a questão dos dados também merece um pouco de reflexão. Nossa área tem se beneficiado bastante dos avanços que a tecnologia proporciona. Hoje um profissional de marketing tem à sua mercê um arsenal de ferramentas que lhe permite monitorar toda a jornada do consumidor quase que em tempo real e, com isso, ajustar as rotas das estratégias. Os dados funcionam como grande otimizador das verbas por garantir maior assertividade nas campanhas que, até pouco tempo atrás, eram baseadas em criatividade e intuição. Respeito muito os dados e acho que todas as ações de marketing passam a ter mais valor quando embasadas por ciência e estatística. O ponto que me chama atenção é um certo endeusamento desses ativos. Deixe ver se consigo ser mais claro. No culto a esses números e essas informações, e na demanda por mais e mais garantias de assertividade, acabamos nos desconectando do imponderável. Dados refletem comportamentos passados ou intenções futuras, porém baseados em experiências já adquiridas. Será que com o endeusamento dos dados não estamos nos fechando para conceitos realmente inovadores e disruptivos? Será que o que precisamos agora são melhores olhos, e não mais e mais dados? Como disse, eles são extremamente importantes e devem, com certeza, fazer parte do nosso kit de ferramentas; discordo, no entanto, da desvalorização da criatividade, da intuição e do *gut feeling* – que nada mais é do que uma mensagem de nosso computador cerebral, que combina nossas vivências passadas (ou seja, dados) com nossa salada de hormônios e imprevisibilidade. Somos humanos, somos um milagre da natureza, somos imprevisíveis, o que hoje muitas vezes é descartado.

Qual foi a última vez que você confiou no seu *gut feeling* para tomar uma decisão?

1. _____

2. _____

3. _____

Vital ainda para o sucesso de nosso trabalho é a aceitação de que o poder realmente mudou de mãos. Existe uma grande resistência, por que não dizer insegurança, por parte de todos os *stakeholders* na adoção de um modelo de poder mais coletivo e descentralizado. Conseguimos durante muito tempo performar discursos de massa, voltados para a maioria, mas a realidade tem mostrado que esse modelo tem seus dias contados. Na Geração C, centenas de novos grupos de pessoas passam a se expressar e exigir um olhar especial. As minorias, os nichos, os novos consumidores nos desafiam a sermos mais inclusivos, éticos e cidadãos. Sou apaixonado por este novo período e pelo tamanho do desafio que temos pela frente. A nova verdade é a de que o que realmente nos define como grupo é cada vez mais um encontro com nossa tribo, um grupo de pessoas e marcas com as paixões e os comportamentos e questionamentos semelhantes aos nossos, e que tenha *fit* com a visão que temos de nós mesmos.

Por ser um amante dos esportes e pela minha vasta vivência no mundo do entretenimento, tenho buscado insights no comportamento de fãs. Nunca te intrigou a paixão do brasileiro pelo futebol e seu time de coração? Como estádios ficam lotados, mesmo com as péssimas condições de acesso, segurança, limpeza, estrutura de banheiros, conforto, segurança etc.? Nunca te ocorreu como shows de artistas internacionais atraem milhões, ainda que não entendamos quase nada do que as letras falam? Você nunca refletiu sobre o fato de a Tesla ter hoje um valor de mercado maior do que todas as outras montadoras somadas, considerando o número quase irrelevante de automóveis produzidos? Para essas questões só existe uma resposta: a força dos fãs. Na busca por fãs deveremos respeitar suas demandas. As necessidades e expectativas da próxima geração de consumidores desafiam o *status quo* e mostram o caminho que pretendem trilhar. A nova geração questiona as normas vigentes e é trabalho do marketing responder a essas mudanças de cultura. No entanto, o novo paradoxo é que essas normas disruptivas estão se acelerando mais rápido do que a indústria pode acompanhar, provocando um contexto de crescente desigualdade, crise climática e globalização desenfreada. Os fãs se conectam com o propósito das marcas na busca por um tônico para seus males sociais, dando às empresas uma oportunidade de se corrigir, retribuir à sociedade e gerar valor além do resultado final e do interesse dos acionistas.

Então, por que ainda existem tantos exemplos ruins sem substância real por trás do discurso das marcas? Por que seu propósito não agrega o verdadeiro valor esperado pelos consumidores? Com certeza porque estamos tentando ser solução para um modelo cada vez mais desatualizado de construção de marca. Um modelo de benefício linear, soma-zero, focado na razão de ser da marca, em vez da necessidade do consumidor ou do valor percebido. O engajamento de um fã começa com uma conexão emocional profunda, uma situação, e se potencializa por experiências pessoais vividas. Assim, se a maior parte do trabalho de propósito da marca existir em campanhas e ativações desenvolvidas para fazer uma marca parecer boa em vez de transformá-la em realmente boa, será impossível ocorrer essa conexão emocional profunda, por ser percebida como falsa.

Para que o propósito da marca funcione, você precisa entender as verdades e sutilezas culturais que está criticando ou apoiando. Mas a maioria das marcas cresceu apenas gritando muito alto sobre si mesmas, não é surpreendente que tantas delas estejam se comunicando de forma equivocada. As preocupações da Geração C em torno de sustentabilidade e responsabilidade social estão provocando uma minirrevolução. Chegou a hora das marcas aprenderem com essa nova geração uma forma de criar um compromisso com seu autoaperfeiçoamento e com a mudança do mundo. Com isso, os fãs, com sua crítica ácida a qualquer coisa que não seja autêntica, sua abertura à imperfeição e sua capacidade de ler as entrelinhas, nos mostrarão uma maneira melhor de criar marcas com propósito que contribuam para o bem comum. A maioria das marcas não existe no âmbito da cultura nem tenta garantir um lugar por lá. No propósito eficaz de uma marca ou, mais importante, nos negócios socialmente impactantes, o foco no consumidor e a participação cultural são críticos. Precisamos pensar não apenas no que dizemos em alguns anúncios, mas em como nossos planos de marketing impactam essa nova geração que entende seu poder e seu papel no mundo.

Vamos para mais um exemplo prático. A Omaze (www.omaze.com), uma plataforma de ativismo on-line, achou uma maneira criativa de explorar o poder das experiências e tem trazido muitos jovens para o mundo das causas sociais. A ideia foi criar uma estrutura de captação de recursos para uma nova geração de doadores, apostando no mote "Realize sonhos para você e para os outros". A Omaze oferece a todos uma chance de sonhar alto e ganhar prêmios únicos, enquanto ajudam a tornar o mundo um lugar melhor. O conceito foi criado pelo entendimento de que o modelo tradicional de captação de recursos para caridade está quebrado, contando com métodos desatualizados para alcançar seus objetivos, como os caríssimos eventos de gala. Como ajudar as organizações sem fins lucrativos, tão carentes de recursos para investir em marketing, tecnologia e talentos, a obter escala em sua arrecadação de fundos e doações?

REALIZE SONHOS — PARA VOCÊ E PARA OS OUTROS

Depois de não ganharem uma experiência dos sonhos em um leilão – um jantar com o superastro Magic Johnson e assentos dentro da quadra em um jogo do Los Angeles Lakers –, os fundadores da Omaze tiveram um insight. "Por que as experiências mais incríveis da vida só vão para os ricos? E como esse prêmio sensacional arrecadou apenas 15 mil dólares para uma causa tão grande? Imagine se esses mesmos tipos de oportunidades estivessem disponíveis on-line e você não precisasse de muito dinheiro para conquistá-las. Mais pessoas poderiam participar, resultando em uma arrecadação bem mais significativa para organizações sem fins lucrativos". Desde então, sonhando alto, doando e participando da chance de ganhar prêmios que mudam a vida (jantares com celebridades, ingressos VIP, *memorabilia* exclusivas, casa dos sonhos, férias mágicas, entre outros), a comunidade Omaze tem a meta de arrecadar 1 bilhão de dólares por ano para apoiar mais de 350 instituições de caridade em todo o mundo. Sua generosidade está gerando níveis substanciais de conscientização para essas organizações e levantando significativamente mais dinheiro do que os métodos tradicionais. A plataforma se utiliza de experiências que nem o dinheiro pode comprar e na força de celebridades que têm a oportunidade de aproveitar seu poder e carisma para apoiar causas ambientais e sociais.

Essa abordagem sustentável da Omaze para a captação de recursos significa que as organizações sem fins lucrativos podem gastar menos tempo e dinheiro no trabalho de arrecadação de fundos e, em vez disso, se concentrar em atender às necessidades de suas comunidades. Uma iniciativa que tem a cara da Geração C!

Como fãs de celebridades, passamos a acompanhar a trajetória de nossos ídolos em *real time*. Em tempos de *social media* e celulares que tudo captam, todos vivem como em um grande Big Brother. Penso que ídolos têm uma séria responsabilidade social por se tornarem padrões e inspirações de ideias e comportamentos, mas, ao mesmo tempo, em que ponto fica seu direito à privacidade e até mesmo seu direito a erros e imperfeições? Aqui surge uma outra oportunidade para o marketing na construção, proteção e preservação desses ícones. Como entendê-los como ativos, como produtos, e conectá-los às marcas por meio de ações autênticas e criativas (como o caso da Omaze, por exemplo), que reforcem as facetas a serem aplaudidas, e não tropeços e fraquezas?

Somos muito interessados nas histórias das celebridades ligadas a drogas, relacionamentos amorosos, conquistas financeiras, e infelizmente dedicamos menos atenção a suas histórias de vida, suas batalhas, suas dificuldades, suas retribuições às origens, seus projetos sociais. Como utilizar o marketing para ajudar a reverter esse ciclo de comportamento? Como ajudar os fãs e toda Geração C a olhar o craque Neymar apenas como um dos dez maiores jogadores de futebol da história do esporte (na minha humilde opinião, é claro) e respeitá-lo pelo seu talento, seus incríveis feitos e também pelo belíssimo investimento social da Fundação Neymar? Esse é um tema polêmico, mas que precisa de muita reflexão e respeito.

Sou fã do trabalho da atriz e vencedora de Oscar, Jennifer Lawrence (*Não olhe pra cima, X-Men, Jogos vorazes, Trapaça, O lado bom da vida*); e, ao passar a acompanhá-la, conheci seu humor e irreverência nas entrevistas. Sempre autêntica, não tem medo de expor suas fraquezas, suas histórias de deslizes e seus porres homéricos. Parece próxima, real, humana. Incrível como sua espontaneidade e seu comportamento sincero e despachado, em vez de afetar negativamente a imagem que tenho dela, me fizeram respeitá-la ainda mais. Como curiosidade, deem uma olhada nas suas diversas entrevistas no Tik Tok e vejam se o efeito em vocês não será o mesmo. Legal notar, portanto, como a atriz se transforma e entende bem seu papel ao se posicionar de maneira mais engajada e equilibrada quando discursa em eventos importantes.

Seu discurso no "Women in Entertainment: Power 100", ocasião em que recebeu o Sherry Lansing Leadership Award, que homenageia mulheres pioneiras e líderes em seu campo de atuação, foi bem bacana e inspirador:

> Não é fácil falar. Não é fácil se posicionar e enfrentar críticas em escala global. Mas o fato é que recebi uma plataforma de exposição e sinto que, se não a utilizar, não serei merecedora de meu espaço... Eu prometi a mim mesma nunca me calar enquanto existirem seres humanos sofrendo abusos e humilhação. Devemos sempre tomar partido. A neutralidade ajuda o opressor, nunca a vítima... Muitas vezes precisamos intervir. Quando existem vidas humanas em perigo, quando nossa dignidade humana está em xeque, crenças e fronteiras se tornam irrelevantes. Sempre que qualquer homem ou mulher esteja sendo perseguido por sua raça, religião ou mesmo opinião política, essa questão necessita automaticamente se transformar no centro do universo... Vamos ser francos, vamos ser resilientes, vamos todos ser *silence breakers*.

Esse é o tipo de posicionamento que faz muito sentido no engajamento com fãs, principalmente os da Geração C. Lanço aqui um desafio como brincadeira. Aposto que, como eu, você com certeza conhece algum tipo de fofoca referente à vida pessoal desta lista de celebridades a seguir: Bono, Gisele Bündchen, Oprah Winfrey, Jennifer Lopez, Michael J. Fox, Elton John, Leonardo DiCaprio, Cyndi Lauper, Pharrell Williams, Alicia Keys, Dolly Parton, Matthew McConaughey, Lady Gaga, Matt Damon, Chance the Rapper, Miley Cyrus, Beyoncé, Emma Watson, George Lucas, Charlize Theron, George Clooney, Eva Longoria, Shakira, Ashton Kutcher,

Michael Jordan, Kobe Bryant, Roger Federer, Serena Williams, Ronaldo Fenômeno, Cristiano Ronaldo, Sadio Mané, Didier Drogba, Neymar Jr., Michael Phelps, Lionel Messi, LeBron James, Cafu, Raí, Guga Kuerten, Flávio Canto, Gabriel Medina. Esse é só um pedaço da lista das celebridades mais engajadas do planeta. Pergunta: sabia que todas essas personalidades têm suas próprias fundações, além de apoiarem e doarem sua imagem e fortunas pessoais para as mais diversas causas sociais e humanitárias que assolam o mundo? Engraçado como na cultura atual não existe espaço na mídia para a exploração deste bonito papel que desempenham, com certeza o mais importante de suas vidas. Sugiro uma fuçada, mesmo que rápida. Os projetos são realmente sérios, estruturados e inspiradores.

Como pudemos analisar, se empresas e marcas passarem a agir como plataformas de inspiração, que ajudem seu público da Geração C e seus respectivos ídolos a se sentirem relevantes e parte de um propósito maior, muito rapidamente estes potenciais consumidores irão formar uma grande legião de fãs incondicionais.

Quais são suas estratégias para transformar seus consumidores em fãs?

1. _____

2. _____

3. _____

os *pop stars* do propósito
e **suas** ideias **inspiradoras**

CAPÍTULO **7**

O mundo atual carece de inspiração. Não abro mão dessa afirmação. Como falamos no capítulo anterior, além de preservar e divulgar a imagem cidadã de nossos ídolos atuais, temos o desafio de mover mundos e fundos para que novos gênios, lideranças, mentes brilhantes e instituições que tenham prazer e vocação em inspirar virem *mainstream*. Mas como buscar novas fontes de inspiração? Vivemos um momento de desconstrução. A era smartphone mudou definitivamente o formato das relações. A partir dessa guinada tudo passou a ser mais rápido, ágil, instantâneo e incrivelmente acessível. A informação virou uma commodity e nossos grandes ícones de influência estão tentando se adaptar a esta assustadora realidade. Políticos acabam mais conhecidos por seus escândalos do que por seus ideais. Atletas se preocupam mais com seus cortes de cabelo do que com seu desempenho no esporte. Músicos lotam concertos, mas não preenchem nosso vazio da alma. Corporações renomadas atraem nossa confiança com discursos pomposos, porém com retórica questionável. A Inteligência Artificial revoluciona ainda mais essas mudanças, e novas regras, padrões, mecanismos de controle e conceitos éticos se mostram necessários.

Quais são suas principais inspirações no mundo atual?

1. _____

2. _____

3. _____

Vivemos tempos de *snack culture*, nos achamos experts em tudo mas desenvolvemos uma preguiça endêmica de nos aprofundar nos assuntos em geral. Nesse cenário, um grupo composto por vozes nativas deste novo universo emerge e passa a ditar regras e comportamentos. Não são gurus, tampouco ídolos. Não são exatamente amigos nem tecnicamente mentores. Mas, por se comunicarem em um formato contemporâneo e intimista, rapidamente se tornam celebridades e arregimentam multidões. São os denominados influenciadores digitais. Hoje não há estratégia de marketing no planeta que desconsidere sua força. Tenho analisado este fenômeno com muito respeito, porém com cuidado também. Para início de conversa, acho que a nomenclatura já nasce com um quê de ultrapassado. Esses novos personagens da cultura digital conquistaram seu espaço justamente por deixarem de lado as práticas vigentes de conversa e adotarem um tom de conversa mais "cara lavada" com seus nichos de audiência. Ou seja, existe nessa relação um papo verdadeiro que tem na identificação um elemento de conexão. Indo um pouco além, concluo que não se trata de meros influenciadores. Talvez esse termo esteja sendo mal utilizado por nós. Influenciar não deveria ser um objetivo para nenhuma personalidade, mesmo que famosa e repleta de seguidores e *likes*. Estamos órfãos de pensadores, de líderes. Para ser mais exato, de inspiradores! Cabe aos profissionais de marketing o acerto desta rota. Sob sua responsabilidade estão a curadoria e gestão de toda esta informação e a autenticidade da história a ser contada.

O então chamado influenciador deve funcionar como potencializador, disseminador, nunca como um conteúdo ou uma mensagem em si. Empresas, marcas, políticos, entre outros deveriam entender que influenciar é cafona, é fora de moda. O *cool* ontem, hoje e sempre é inspirar, existir por um propósito e gerar o bem coletivo. Não tiro aqui o mérito dos influenciadores atuais. Para mim, a maioria tem seu talento e conseguiu ter sua voz ouvida, pois de alguma forma inspirou um nicho de pessoas por seu discurso e comportamento. O que se deve ter cuidado é com o endeusamento desses personagens e com a tentativa de transformá-los nos donos absolutos da informação, principalmente a que não faz parte de sua área de expertise. A meu ver, esta febre de exploração de influenciadores não pode ser rasa e oportunista. Acompanho muitos profissionais de marketing que, tomados pela ânsia de criar algo diferente, acabam se esquecendo de dois grandes ativos de sua atividade: a força de uma ideia brilhante e o poder de uma história bem contada. O tamanho da base de seguidores por si só não se sustenta. O "quanti" nunca pode enfraquecer o "quali". Influenciar por influenciar faz barulho, porém não se firma. Neste jogo cada vez mais complexo, o marketing tem a oportunidade de se reinventar. A revolução tecnológica criou um vácuo de referências críveis, que no passado ficavam a cargo da imprensa, dos filósofos, dos cientistas, dos meios de comunicação.

Esse vácuo me motivou a buscar uma nova elite de inspiradores que, somados aos influenciadores e às celebridades envolvidas em causas sociais, me ajudam na regeneração de meus ideais e padrões de comportamento. Infelizmente esse grupo composto por uma constelação de sumidades ainda não tem mérito e valor reconhecidos pelas grandes massas à altura de seus feitos. Apresento aqui uma lista dessas pessoas do mundo do propósito que têm me inspirado. Gostaria e almejo que se tornem ídolos das futuras gerações. Não tive, contudo, a pretensão de elegê-los e/ou classificá-los. Como eles, com certeza existem milhares de outros. São inúmeros talentos, com trabalhos e projetos transformadores, que fariam deste livro uma enciclopédia de vários volumes. Os feitos desses gênios listados de alguma forma mexeram comigo e espero que despertem o mesmo sentimento "uau" em vocês.

PERCEBEMOS A **IMPORTÂNCIA** DE **NOSSAS VOZES** **APENAS** QUANDO SOMOS ─ SILENCIADOS

Malala Yousafzai

A história da Malala rodou o mundo e tem inspirado jovens por todo o planeta. Inclusive, por seu grau de exposição, foi a escolhida para o início desta lista.

Ainda muito jovem, essa paquistanesa desenvolveu algo inusitado para uma menina em sua condição: uma impressionante sede de conhecimento. Morando atualmente na Inglaterra, Malala se tornou defensora ativa da educação como um direito social e econômico fundamental. Por meio de seu Fundo Malala e de sua própria voz, defende ferrenhamente o empoderamento das mulheres como agentes de mudança em suas comunidades.

Na infância, Malala foi muito influenciada por seu pai, um apaixonado pelo ensino, que entendia a escola como importante elemento no desenvolvimento familiar. Quando o regime Talibã proibiu as meninas de frequentarem qualquer tipo de atividade cultural, Malala, com firme crença no seu direito à educação, enfrentou o regime. Seu ativismo resultou em uma indicação ao Prêmio Internacional da Paz Infantil, em 2011. Nesse mesmo ano, ela recebeu o Prêmio Nacional da Paz da Juventude, do Paquistão.

Mas nem todos apoiaram e saudaram sua campanha. Na manhã de 9 de outubro de 2012, então com 15 anos de idade, ela foi baleada pelo Talibã em um ônibus, quando voltava da escola para casa. Precisou de várias cirurgias, incluindo reparo de um nervo facial para corrigir o lado esquerdo paralisado de seu rosto, mas por sorte não sofreu graves danos cerebrais. Sua incrível recuperação e o retorno à escola resultaram em uma manifestação global de apoio à sua causa. Em 12 de julho de 2013, no seu aniversário de 16 anos, Malala visitou Nova York e falou nas Nações Unidas. Ainda naquele ano, publicou seu primeiro livro, uma autobiografia intitulada *Eu sou Malala: a história da garota que defendeu o direito à educação e foi baleada pelo Talibã*. Em 2014, recebeu o Prêmio Nobel da Paz. Na ocasião, aos 17 anos, ela se tornou a pessoa mais jovem a ganhar o prêmio e em seu discurso mais uma vez desafiou seus opressores: "Esse prêmio não é só para mim. É para aquelas crianças esquecidas que querem educação. É para aquelas crianças assustadas que querem paz. É para aquelas crianças sem voz que querem mudança". Hoje, o Fundo Malala tornou-se uma organização que, por meio de investimentos em educação, capacita meninas a alcançarem seu potencial e se tornarem líderes confiantes e fortes em seus próprios países.

GANHAR DINHEIRO É UMA FELICIDADE. MAS ESSE NÃO É UM GRANDE INCENTIVO. TORNAR OUTRAS PESSOAS FELIZES POR GANHAREM DINHEIRO, ISSO SIM É UMA SUPER FELICIDADE

Muhammad Yunus

Dr. Muhammad Yunus é um banqueiro e economista de Bangladesh. Professor de economia, ficou famoso e conhecido pela sua aplicação bem-sucedida do microcrédito (pequenos empréstimos concedidos a empresários pobres que não se qualificam para receber empréstimos bancários tradicionais). Dr. Yunus é o fundador do Grameen Bank, uma iniciativa alimentada por sua crença de que o crédito é um direito humano fundamental. O seu objetivo é ajudar as pessoas pobres a escapar da pobreza, concedendo-lhes empréstimos em condições adequadas e ensinando-lhes alguns princípios financeiros sólidos para que possam se tornar autossuficientes. O Grameen Bank avançou para a vanguarda de um movimento mundial da erradicação da pobreza por meio do microcrédito. Réplicas do seu modelo operam em mais de cem países em todo o mundo e em 2006 Yunus recebeu o Prémio Nobel da Paz pelos seus esforços para criar desenvolvimento económico e social das camadas mais pobres da sociedade. Yunus é um dos membros fundadores do Global Elders, um grupo de figuras públicas conhecidas como estadistas mais velhos, ativistas pela paz e defensores dos direitos humanos, representando mais de mil anos de experiência coletiva para trabalhar em soluções para problemas sociais e ambientais.

Yunus escreveu vários livros, incluindo Building Social Business: the new kind of capitalismo that serves humanity's most pressing needs (2010) e A world of three zeroes: the new economics of zereo poverty, zero unemployment and zero net carbon emissions (2017).

PARA QUE A SOCIEDADE PROGRIDA, DEVEMOS NÃO APENAS AVANÇAR, MAS TAMBÉM LIMPAR A SUJEIRA QUE DEIXAMOS PRA TRÁS

Boyan Slat

É revigorante ver pessoas tão jovens esbanjando talento e se mobilizando para solucionar problemas críticos de nosso planeta.

Boyan é um inventor e empresário holandês que cria soluções tecnológicas para problemas globais. Ele é o fundador e CEO da The Ocean Cleanup, uma fundação que desenvolve sistemas avançados para livrar os oceanos da poluição dos plásticos. Aos 18 anos, Boyan idealizou um conceito que utiliza as forças marítimas naturais para capturar e concentrar passivamente o plástico oceânico, reduzindo o tempo teórico de limpeza das águas, de milênios para meros anos. Estima-se que 1,15 a 2,41 milhões de toneladas de plástico entram no oceano a cada ano a partir dos rios. Mais da metade desse plástico é menos denso que a água, o que significa que não afundará quando encontrar o mar. Os plásticos mais fortes e flutuantes mostram resiliência no ambiente marinho, permitindo que sejam transportados por longas distâncias. À medida que mais e mais plásticos são descartados no meio ambiente, formam-se grandes ilhas de lixo plástico.

Em 8 de setembro de 2018, o primeiro sistema mundial de limpeza oceânica foi lançado em São Francisco para ser implantado no Great Pacific Garbage Patch (GPGP), a maior das cinco zonas de acúmulo de plástico *offshore* nos oceanos do mundo. Ele está localizado no meio do caminho entre o Havaí e a Califórnia. O GPGP cobre uma área estimada de 1,6 milhão de quilômetros quadrados, equivalente a três vezes o tamanho da França. Boyan tem uma meta de limpar 90% dos plásticos flutuantes dos oceanos com o The Ocean Cleanup e suas tecnologias. Para atingir esse objetivo, trabalha em uma combinação entre o fechamento das fontes poluentes e a limpeza do que já se acumulou no oceano e que não desaparecerá sozinho. Tem uma visão otimista frente a esse desafio e afirma que assim que concluir este projeto irá se colocar fora do negócio.

SE **VOCÊ ESTÁ COM MEDO, VOCÊ ACABA NÃO FAZENDO NADA;** E **SEM FAZER ALGO, VOCÊ NÃO CONSEGUE NADA**

Oliver Percovich

A criatividade com que Oliver conseguiu unir sua grande paixão com a ruptura de um regime autoritário e ultrapassado é de cair o queixo. Com a criação do Skateistan, Oliver extrapolou o conceito e a amplitude do skate: de esporte radical para agente de transformação social.

Em 2007, Oliver mudou-se da Austrália para o Afeganistão na ocasião em que sua namorada conseguiu um emprego. Por morar em diferentes países durante sua infância, usou o skate a vida toda para se integrar e se encaixar. Assim, quando entediado em Cabul, passou a andar de skate pela cidade sitiada e se tornou uma espécie de *halfpiper pied*, atraindo crianças que o seguiam pelas ruas. Nessas circunstâncias, Percovich encontrou uma grande conexão com as crianças e percebeu que exercia incrível influência também sobre as meninas. Isso chamou muito a sua atenção, já que pela cultura local e por proibições religiosas não se viam garotas praticando nenhum tipo de esporte.

Posicionando o skate como meio de transporte, e não como um esporte, explorou essa brecha e investiu na construção de um parque que garantisse que as meninas andassem de skate livremente. Oliver fundou assim o Skateistan, um projeto que prega o "esporte para o desenvolvimento" nas ruas de Cabul, que hoje tem mais de cinquenta funcionários em todo o mundo e é uma organização internacional premiada, com projetos não só no Afeganistão, como em Camboja e África do Sul. O Skateistan é apolítico, independente e inclusivo, respeitando todas as etnias, religiões e origens sociais. A organização é a primeira iniciativa de desenvolvimento internacional a combinar skate a resultados educacionais.

O MUNDO NÃO É UMA ESTRUTURA FIXA DE PORCELANA; É **BARRO,** E ASSIM HÁ SEMPRE UMA MANEIRA DE SE CRIAR ALGO QUE FUNCIONE

—

Jessica O. Matthews

Quando ouvi falar pela primeira vez sobre a Socket Ball, virei fã número 1 da Jessica. Tive o prazer de me encontrar pessoalmente com ela em um dos eventos da Nexus, na sede da ONU, em Nova York. Minha admiração e meu respeito aumentaram ainda mais.

Com dupla cidadania da Nigéria e dos Estados Unidos, Jessica é formada em psicologia e economia pela Universidade de Harvard, onde também concluiu seu MBA. É CEO da Uncharted Power, premiada empresa de energia renovável, especializada em aproveitar a energia do movimento para criar ecossistemas de energia para comunidades ao redor do mundo. Sua primeira invenção foi a Socket Ball, um gerador de energia inserido em uma bola de futebol. A ideia foi implantada em diversas favelas no Brasil, onde crianças usavam a bola para se divertir durante o dia e gerar energia em suas casas durante a noite, viabilizando a integração familiar e os estudos.

O brilhantismo de suas ideias rapidamente gerou impacto. Em 2012, Jessica foi convidada pelo presidente Barack Obama para a assinatura do America Invents Act, na Casa Branca. Em 2016, seu IPO quebrou o recorde de financiamento para uma fundadora negra, e ela foi selecionada para tocar o sino da cerimônia de abertura da NASDAQ, representando todos os premiados da lista Forbes Under 30. A pesquisa e a carreira de Jessica giram em torno da interseção de tecnologia disruptiva, energia renovável, comportamento humano, psicologia e autorrealização. Sua lista de prêmios inclui uma das mais promissoras empreendedoras mulheres da *Revista Fortune* e o Harvard University Scientist of the Year.

E PENSAR QUE TUDO COMEÇOU COM UM HAMSTER CHAMADO GOLDIE. HOJE OS HERORATS SÃO UMA TECNOLOGIA QUE SALVA VIDAS

Bart Weetjens

Para alguns, um nerd com gostos bizarros. Para mim, um gênio que fiz questão de conhecer pessoalmente em um longo e gostoso papo em Los Angeles, em 2019.

Bart Weetjens é um sacerdote zen-budista e designer de produto por formação. Em seu nono aniversário, ganhou um hamster de presente, o que marcou o início de um longo fascínio pelos roedores. Ele passou parte substancial de sua adolescência criando hamsters, camundongos e ratos, e distribuindo-os para lojas de animais. Aos 14 anos, ele ingressou na Escola de Cadetes para aprender habilidades militares, mas depois de apenas um ano, desistiu da experiência, criando uma repulsa ao longo da vida por armas e guerra.

Querendo usar suas habilidades para beneficiar comunidades em África, iniciou um programa de intercâmbio entre estudantes quenianos e belgas. Uma reportagem na mídia belga sobre vítimas de minas terrestres no continente deu a ele um insight. Bart se convenceu de que os roedores que ele criava como animais de estimação poderiam ser ensinados a encontrar minas terrestres e outros explosivos. Embora nenhum investidor tenha acreditado nem se empolgado com sua abordagem, ele encontrou ajuda com ex-professores na Universidade de Antuérpia e fundou a APOPO, uma ONG que pesquisa, desenvolve e implanta tecnologia de detecção de minas, utilizando ratos.

Essa tecnologia vem na forma incomum do rato gigante africano, uma espécie predominante em toda a África. A APOPO os treina para que detectem os artefatos, com base nos vapores emitidos pelos explosivos enterrados. Como os ratos da APOPO estão salvando vidas humanas, eles são chamados de HeroRATs. A remoção de minas nos países em desenvolvimento é cara e em grande parte baseada em equipamentos estrangeiros, assim, os HeroRATs são hoje uma alternativa mais econômica e eficiente do que qualquer outro método disponível, inclusive os cães.

Os HeroRATs indicam a localização de uma mina ou munição não detonada, arranhando a superfície do solo em cima da mina, se beneficiando por serem leves demais para detoná-las. O sucesso da iniciativa é tanto que hoje a APOPO também tem utilizado os HeroRATs para encontrar sobreviventes entre destroços de catástrofes, além de detectar, de forma ágil, a tuberculose, outro desafio humanitário, em que pode haver muitos benefícios com uma ferramenta de triagem rápida, barata e eficaz. Bart é um dos empreendedores sociais mais premiados de todo o planeta.

ÀS VEZES SÃO OS PENSAMENTOS SIMPLES QUE CRIAM O MAIOR IMPACTO

Frank Hoffmann

Fico maluco em imaginar como muitos de nossos problemas poderiam ser resolvidos de maneira mais simples e eficiente. Frank foi brilhante e genial em seu exemplo.

Ele sempre procurou oportunidades para melhorar os sistemas de saúde. Líder no campo da ginecologia, Frank fundou, em 2001, o Quality Circle of Gynecologists, uma mesa-redonda que garantia controle de qualidade padronizado dos serviços médicos na sua região, um modelo pioneiro que comprovou como as práticas médicas poderiam se tornar mais eficientes e inspiradoras com novos *approaches*.

Em 2005, após uma mudança na lei das mamografias na Alemanha, Frank passou a não poder mais atender seus pacientes com a qualidade que desejava. Começou a pensar em alternativas não convencionais e, inspirado no fato de que pessoas cegas têm um senso de toque muitíssimo apurado, uma habilidade que as sem deficiência visual não têm, criou seu método revolucionário: utilizar cegos para os exames de mamografia. Quando percebeu que assim poderia oferecer emprego para pessoas cegas, um grupo altamente excluído do mercado de trabalho, quis institucionalizar sua ideia e torná-la conhecida. Fundou, então, a Discovering Hands®, uma organização sem fins lucrativos que treina e capacita mulheres cegas para se tornarem examinadoras.

Dr. Frank Hoffmann é pioneiro nessa metodologia de exame de mama, conseguindo surpreendentemente, um diagnóstico superior e um custo menos oneroso do que o dos caríssimos equipamentos tecnológicos. A abordagem da Discovering Hands® aprimora a atenção à saúde das mulheres e abre caminho profissional totalmente novo para um público com capacidades diferentes e, consequentemente, menos oportunidades. A ideia se expandiu pelo mundo por oferecer um diagnóstico preventivo precoce de câncer de mama mais econômico, e também por abrir um novo campo médico para pessoas cegas.

OS EMPREENDEDORES SOCIAIS NÃO SE CONTENTAM EM DAR O PEIXE OU ENSINAR A PESCAR; ELES NÃO DESCANSARÃO ATÉ QUE TENHAM REVOLUCIONADO A INDÚSTRIA PESQUEIRA

Bill Drayton

Depois de conhecer sua visão e o trabalho da Ashoka, passei a ter mais fé no ser humano. Fiz muitas reuniões com a Ashoka mas, infelizmente, não com Bill. Conhecê-lo e conversar com ele ainda faz parte de minha *bucket list*.

Bill Drayton é um empreendedor social com longo histórico de fundações, organizações sociais e serviços públicos. Formado em Harvard, fez mestrado no Balliol College, na Universidade de Oxford, e completou ainda a faculdade de direito de Yale. Em 1981 decidiu que queria realmente fazer diferença no mundo e fundou a Ashoka, uma organização internacional do terceiro setor – hoje a maior rede de empreendedores sociais do globo, cuja missão é construir um lugar melhor para todos.

A Ashoka funciona como uma grande viabilizadora de mudanças culturais e estruturais ao detectar, capacitar e potencializar novos projetos de transformação social e apoiar os inovadores por trás delas. Trabalhando com vasta e invejável rede de empreendedores sociais, líderes e parceiros estratégicos, a Ashoka conseguiu identificar e fomentar o empreendedorismo em torno de quase todos os temas emergentes ligados à mudança sistêmica. Bill é o presidente e CEO da Ashoka e ganhou inúmeros prêmios e honras ao longo de sua carreira.

A ALEGRIA NÃO TEM CONTRAINDICAÇÃO

Wellington Nogueira

Esse ser humano é uma daquelas almas privilegiadas que aparecem no mundo uma vez a cada século. Que orgulho poder chamá-lo de amigo!

Wellington Nogueira iniciou sua vida profissional como professor de inglês no Grupo Educacional Objetivo. Depois de escapar de um assalto, decidiu quebrar a promessa que fez à família aos 7 anos de tornar-se médico para enfim exercer o seu sonho: ser um grande ator. Mudou-se para Nova York para estudar performance de teatro musical na American Musical and Dramatic Academy (AMDA).

Em 1988, ingressou na Big Apple Circus Clown Care Unit, como dr. Calvin Clown, atuando em vários hospitais de Nova York. Isso marcou o início de sua jornada no universo sempre fascinante de palhaços profissionais em hospitais. Wellington define o palhaço como o artista mais empreendedor que existe, pois "ele não espera uma produção acontecer, mas cria a sua própria conexão com o público". Comprometido em trazer essa forma de arte inovadora para o Brasil e para dar suporte ao pai que enfrentava graves problemas de saúde, retornou a São Paulo, em 1991, e criou os Doutores da Alegria, uma organização dedicada a trazer felicidade à vida das crianças nos hospitais por meio da arte dramática e de muita palhaçada. Com seu programa, busca dar a essa forma de expressão artística um caráter predominantemente social em um esforço para humanizar os hospitais brasileiros.

Os Doutores da Alegria revolucionaram o setor de saúde do Brasil ao introduzir o elemento da alegria no ambiente pediátrico. O trabalho desses doutores potencializa a capacidade do sistema de saúde de prestar assistência integral às crianças, por atender tanto às suas necessidades psicológicas quanto físicas. Ao colocar palhaços profissionalmente treinados para atuar em hospitais, o projeto atinge pacientes, visitantes e médicos e altera a dinâmica emocional dentro desses espaços, onde as crianças normalmente se sentem impotentes. As performances dos Doutores são vitais para reduzir o sofrimento e trauma dos pequenos em suas internações. O programa Doutores da Alegria foi reconhecido como uma das "40 Melhores Práticas Mundiais" pela ONU, o que ainda garantiu a Wellington que a formação profissional de "médico-palhaço" pudesse ser desenvolvida como base para uma profissão do futuro.

NUNCA SUBESTIME A CAPACIDADE DOS SERES HUMANOS DE ALCANÇAR TODO O SEU POTENCIAL; SE TIVEREM AMOR E OS RECURSOS DE QUE PRECISAM, ELES PROSPERARÃO

David Herz

A forma com que David nos provoca a repensar nossa relação com os alimentos é moderna e inteligente.

O chef e empreendedor social brasileiro David Hertz é pioneiro em um modelo de uso de alimentos para melhorar a vida de pessoas de baixa renda. Hertz foi criado no que ele descreve como "uma pequena e conservadora comunidade judaica no sul do Brasil". Sua família estava no ramo de bordados e esperava que ele também entrasse no negócio. Porém a experiência de Hertz trabalhando em Israel, em uma cozinha de *kibutz*, aos 18 anos, o inspirou a desenvolver projetos para ajudar jovens e vulneráveis. O trabalho de Hertz atende a uma necessidade crítica: dois bilhões de pessoas no mundo sofrem de alguma forma de deficiência nutricional. Além disso, enquanto um terço dos alimentos é desperdiçado, temos quase um bilhão de seres humanos vivendo com fome crônica em todo o planeta.

Para combater esse problema, Hertz fundou a Gastromotiva, organização sociogastronômica brasileira que combate o desemprego e a desigualdade social e usa o desperdício de alimentos como ferramenta de transformação para criar oportunidades para quem vive à margem da sociedade. A ONG oferece treinamento vocacional gratuito em cozinhas e aulas de empreendedorismo e nutrição em todo o Brasil, El Salvador, África do Sul e México e continua expandindo seu alcance. Durante as Olimpíadas de 2016, abriu o Refettorio Gastromotiva em colaboração com o badalado chef, cinco estrelas Michellin, Massimo Botura, e com a jornalista Alexandra Forbes, na Lapa, no Rio de Janeiro.

David também é cofundador do Social Gastronomy Movement [Movimento de Gastronomia Social], que promove colaborações e acesso entre chefs socialmente engajados e empreendedores sociais com outros setores da sociedade.

A FAVELA NÃO É CARÊNCIA, A FAVELA É POTÊNCIA

Celso Athayde

Não canso de tentar me espelhar na história do Celso.

Celso Athayde é o fundador da Central Única das Favelas (CUFA), uma organização brasileira sem fins lucrativos criada para representar e promover os interesses das pessoas que vivem em mais de cinco mil favelas pelo Brasil, estimadas em aproximadamente 8% da população do país. Celso cresceu nas favelas e foi exposto à violência e à miséria desde jovem. A partir dos 6 anos, Celso e seu irmão César passaram a morar na rua com a mãe, dona Marina. A vida deles era de constantes dificuldades e lutas. Mas Celso mantinha o sonho de um dia fugir dessa condição. Por influência de um líder comunitário local, ele se interessou pela política e pelo mundo exterior; aos 14 anos, começou a aprender a ler e escrever. Ele também trabalhou como vendedor ambulante e juntou dinheiro suficiente para ajudar sua mãe a comprar uma casa em Madureira, no Rio de Janeiro. Ele passou a organizar os outros camelôs da região e se articulou com o governo e as forças de segurança para manter as ruas seguras e livres de crimes. Buscando uma nova compreensão de sua identidade como homem negro, começou a estudar o porquê de as pessoas viverem nas ruas e a pensar sobre as causas da pobreza, questionando por que a maioria dos sem-teto são negros.

A exposição de Celso à música hip-hop mudou drasticamente a forma como ele passou a ver a sociedade e a vida nas favelas. A organização lançou o primeiro álbum de MV Bill, que mais tarde se tornou o rapper mais popular do Brasil. Como não havia loja de música hip-hop no Rio de Janeiro, Celso lançou um livro e filme em que expôs o tráfico de drogas nas favelas e o envolvimento das crianças nesse mercado ilícito. Esses foram os primeiros produtos da CUFA.

Atualmente é CEO da Favela Holding, um grupo de 24 empresas, em diferentes segmentos, tais como: passagens aéreas, logística, *live* marketing, outdoor comunitário, cartão de crédito, entre outros. Celso foi premiado como empreendedor social do ano em 2021, mas um dos títulos e homenagens de que mais se orgulha foi a recebida da comunidade do Sapo, no Rio de Janeiro, pelo reconhecimento do seu trabalho social. Celso é um dos maiores experts do mundo em potencial orgânico e econômico das favelas e periferias.

Que histórias incríveis, não? Se não conseguirmos nos inspirar com ideias tão simples e ao mesmo tempo inusitadas, como mulheres cegas detectando câncer de mama com maior precisão que caríssimos equipamentos tecnológicos, ratos identificando com seu olfato minas terrestres e o vírus da tuberculose, ou uma bola de futebol gerando energia para residências em favelas... Está definitivamente na hora de pendurarmos as nossa chuteiras. Espero tê-los tocado.

Devemos, como profissionais de marketing, entender como explorar o poder das celebridades, dos *influencers* e dos empreendedores sociais. Precisamos nos posicionar como verdadeiros *game changers*, cocriando com *pop stars* desse perfil e quilate iniciativas eficientes para as marcas, mas acima de tudo, que inspirem as pessoas a serem proativas na transformação cultural.

cuidado **com** o
purposewashing

CAPÍTULO 8

O mundo clama por propósito. Consumidores, colaboradores e cada vez mais investidores passam a valorizar e tomar decisões como compra, procura de emprego e aplicação de recursos levando em conta o envolvimento das empresas em causas sociais, ambientais e de diversidade. Com estudos apontando globalmente que a maioria dos consumidores valorizam o fato de as empresas com as quais se relacionam terem um propósito forte e até evitam comprar daquelas que não o fazem, muitas marcas têm optado por entrar na onda dos negócios conscientes. Assim, desenvolvem estratégias, lançam campanhas e fazem declarações de missão que expressam significado e propósito mais profundos. Essa demanda exacerbada causou uma revolução dentro das empresas que hoje se sentem obrigadas a destacar o propósito e o bem comum como razão de existir.

Somos bombardeados por mantras, manifestos e mensagens que nos enchem de esperança no futuro. Mas será que essas ações estão verdadeiramente sendo implementadas? Como separar o joio do trigo? Bill Bernbach, famoso publicitário americano dos anos 1950, tem uma frase que respeito: "Um princípio não é realmente um princípio até que lhe custe algum dinheiro". Será que esse movimento em direção ao propósito está sendo, de fato, autêntico e recebendo os recursos e investimentos devidos? Como não se iludir pelo *purposewashing*, nome dado a iniciativas falsas ou oportunistas ligadas ao tema? Mais importante ainda para empresários e profissionais de marketing: como não praticar o *purposewashing*?

Com o propósito encabeçando a lista de demandas dos profissionais de marketing, surge uma questão-chave no desempenho de suas atividades: onde está a linha de corte entre uma promessa de marca convincente e significativa e uma tentativa oportunista e inautêntica de parecer socialmente consciente? Existe significado real embasando uma campanha de sustentabilidade criativamente incrível? À medida que a demanda do consumidor por marcas com propósito aumenta, ano após ano, você pode esperar um aumento exponencial em duas coisas: o volume de reivindicações de marcas se dizendo "verdes" e o volume de cancelamento de marcas que cometem *purposewashing*.

O propósito precisa estar no topo de prioridades da agenda de todo CEO, fazer parte do dia a dia da empresa e estar claro para todos os *stakeholders*. Nenhuma empresa consegue uma real transformação sem um líder nesta jornada. Um exemplo todo dia e em todos os dias. Felizmente, a mudança está cada vez mais sendo conduzida de cima para baixo e repercutindo de baixo para cima. Velocidade e escala só podem vir quando toda a organização está remando na mesma direção e os colaboradores se orgulham de dar vida a uma visão. Ao entrevistar trinta fundadores, CEOs e executivos seniores de empresas de consumo com propósitos reais e autênticos, incluindo Chobani, TOMS, Warby Parker, Etsy, KIND Healthy Snacks e West Elm, a consultoria Korn Ferry identificou um insight-chave: "Embora essas marcas sejam celebradas por suas imagens externas, envolvimento do cliente e impacto positivo no mundo, são os seus compromissos com as pessoas e a difusão de seu propósito dentro de suas empresas os fatores que impulsionam seu sucesso".

Essas organizações desafiaram o velho paradigma de que a ética nas corporações é geralmente uma contradição. Com muita frequência, os negócios são vistos como frios e impulsionados pela necessidade de progredir a todo custo, mesmo que isso signifique cortar atalhos éticos. Felizmente, para esse grupo de empresas essa prática está totalmente desatualizada. Elas comprovam que a ética forte é uma questão central, pois sabem que os consumidores são atraídos por empresas propensas a fazer a coisa certa, evitando transações que desrespeitam os limites morais de suas ações e discursos.

Com as mudanças constantes em torno dos negócios, existe mais pressão para obter lucros, mas ao mesmo tempo, para se manifestar frente a questões ambientais, sociais e de governança. Assim, para evitar o *purposewashing*, as empresas precisam investir em boas práticas, e todos dentro da corporação devem trabalhar de modo contínuo o propósito. Embora cultivar o propósito e uma boa ética possa parecer assustador, não é nada muito complicado. Com clientes e investidores mais atentos do que nunca à responsabilidade social corporativa, as empresas que agem com ética conquistarão vantagem competitiva. Além disso, neste mercado competitivo, as pessoas querem cada vez mais trabalhar para empresas corretas. O propósito é uma enorme vantagem competitiva em todos os sentidos. Empresas inteligentes entendem isso e investem em procedimentos e capacitação para nunca cometerem *purposewashing*. Quando falamos da importância do time de colaboradores no fortalecimento do propósito das empresas, não existe mais como engajá-los só com palavras. Belos discursos sem a respectiva ação também são sinônimo de *purposewashing*. Devemos sentir o propósito pulsando nas veias de cada um.

Trabalho na área de marketing de incentivos há mais de trinta anos e reitero a minha felicidade em ver a ferramenta do endomarketing finalmente se tornando estratégica e recebendo a atenção e os investimentos merecidos por parte de CEOs, empresários e líderes. Sempre acreditei que, apesar da força das marcas, dos atributos de produto e do brilhantismo da comunicação, no fim das contas, tudo se resume a pessoas. E só com pessoas felizes em nossos times somos capazes de contagiar e inspirar nossos clientes. Sou da época do jargão "o cliente tem sempre razão". Na minha empresa isso nunca valeu. Desde sua fundação, acreditei na trinca funcionários, fornecedores e clientes, todos juntos em primeiro lugar. E na necessidade de desempate de prioridade de atenção, respeitar na sequência: colaboradores, parceiros e, então, meus clientes.

O propósito nunca é criado. Ele surge de dentro para fora como grande revelação, e os profissionais de marketing devem ser os primeiros a proteger esse patrimônio. Com a tecnologia, as redes sociais e a velocidade da informação, digo que estamos todos "pelados", expostos a nossas verdades; e sem transparência, muita barbeiragem tem sido e vai continuar sendo feita. Não se trata de tarefa fácil e meu lado "Pollyana" insiste em acreditar que as intenções são sempre boas. O problema nesse caso é a complexidade da cadeia e os vícios do *modus operandi* vigente. Devemos ter muita cautela, não podemos simplesmente querer estar na moda. Precisamos criar e disseminar a nova tendência e para isso, antes de tudo, temos de desenvolver novos hábitos. Nossos hábitos estão diretamente ligados à maneira como nos vemos e prestamos atenção às coisas ao nosso redor. Considero o hábito como uma habilidade a ser aprendida e que esse processo respeita um conjunto de quatro fases, de acordo com o modelo de consciência e competência:

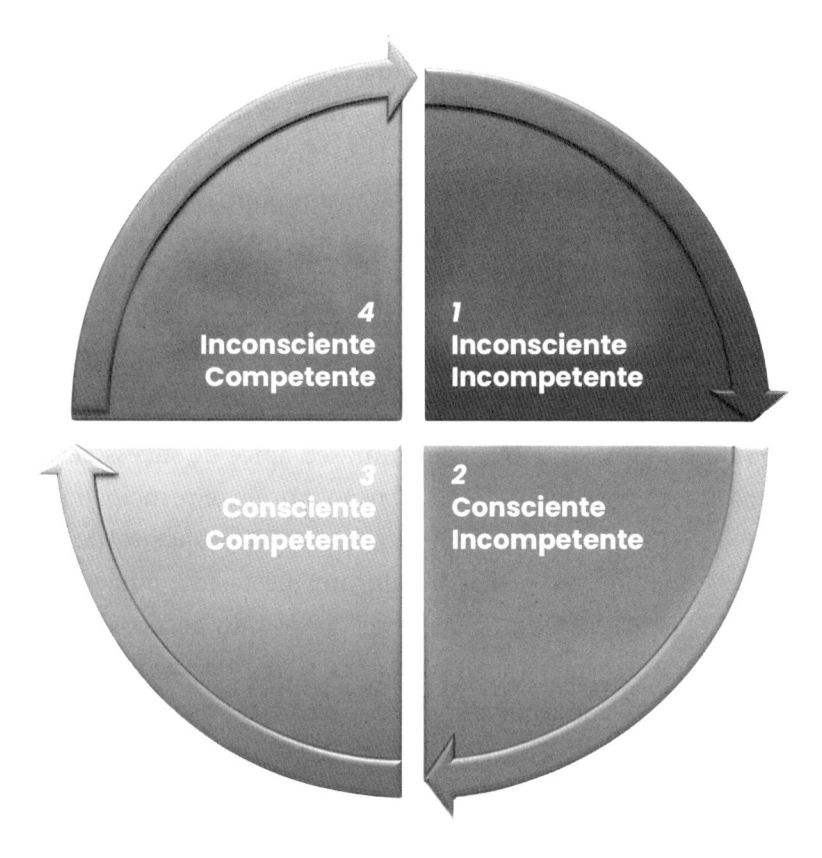

4 Inconsciente Competente	**1** Inconsciente Incompetente
3 Consciente Competente	**2** Consciente Incompetente

Quando somos expostos a algo que não faz parte de nossa rotina habitual, vivemos a fase 1, a da incompetência inconsciente. Não dominamos o assunto em voga e ainda não percebemos que não o sabemos. Imaginem se nunca tivéssemos ouvido falar sobre propósito, por exemplo. Estaríamos trabalhando em um modelo passado, alheio ao assunto e suas implicações. Mas um belo dia, lemos um artigo a respeito desse termo e, então, entramos na fase 2, a da incompetência consciente. Começamos a tomar ciência do assunto, mas logo descobrimos nossas enormes limitações relacionadas ao tema. Se nessa fase não formos humildes e cuidadosos com nossas ações, com certeza cometeremos o *purposewashing*. Necessitamos nos aprofundar para elaborar opiniões, pois estamos despreparados para ir além. Com mais preparo e estudo, atingimos o estágio 3, o da competência consciente. Já somos quase experts. Aprendemos a técnica, mas ainda precisamos de muita concentração e cuidado. Somos novatos e a naturalidade e autenticidade demandam um pouco mais de tempo e experiência. E por fim atingimos o nível 4, o da competência inconsciente. Todos os pequenos padrões que aprendemos com tanto esforço juntam-se em uma harmônica unidade de comportamento. Nossa mente consciente estabelece o objetivo e deixa que a naturalidade inconsciente cuide dele, liberando a atenção para outras coisas e atingindo assim seu ápice de sucesso e performance. O grande ponto de atenção, porém, e principalmente em hábitos tão vitais e complexos como o propósito de uma corporação, é que se nos acomodarmos nesta fase e não continuarmos plugados com o que está ocorrendo ao nosso redor, retrocedemos instantaneamente para a fase da incompetência inconsciente e voltamos a cometer o *purposewashing*. O antídoto que sugiro para evitarmos cair neste ciclo vicioso é a humildade e o hábito do aprendizado constante. O propósito é um tema vasto, complexo e em franca evolução. Temos o dever de acompanhá-lo de perto.

As marcas que correm o maior risco de cometer *purposewashing* são as que estão entrando na onda. São aquelas que já se estabeleceram sem uma promessa de propósito significativa e só agora se preocupam em desenvolver uma. Essas marcas enfrentam desafios complexos. Sistemas inteiros, estratégias e campanhas precisam ser repensadas sob a lente do propósito. Os especialistas em marketing Omar Rodríguez-Vilá, da Emory University, e Sundar Bharadwaj, professor de marketing da Universidade da Geórgia, descobriram que, quando marcas estabelecidas lançam uma nova estratégia de propósito social, três coisas geram reações negativas: inconsistência entre a promessa da marca e o que a empresa faz; promessa demasiadamente política; ou a suspeita por parte dos interessados quanto às reais motivações da empresa. Esse é um grande ponto de atenção, por exemplo, para as marcas que muitas vezes bombardeiam os consumidores com alegações que implicam que seus produtos são sustentáveis.

Um dos maiores aprendizados que tive na relação com clientes foi a "Teoria dos 5 Porquês", um modelo amplamente aplicado no marketing da Toyota. Esse modelo pode ser determinante para que o *purposewashing* seja evitado. Sakichi Toyoda, o industrial japonês inventor e fundador da Toyota, desenvolveu a técnica dos 5 porquês na década de 1930 e a Toyota ainda a utiliza para resolver qualquer tipo de desafio.

O conceito reforça a filosofia da comprovação, do "ir e ver". Isso significa que a tomada de decisão deve ser baseada em uma compreensão profunda do que realmente está acontecendo, não no que alguém em uma sala de reuniões pensa que pode estar acontecendo. O método é notavelmente simples: quando ocorre um problema, você detalha sua causa-raiz perguntando cinco vezes "Por que?". Então, no momento em que um problema se torna aparente, você adota uma medida para evitar que ele se repita, até alcançar o estágio de comprovação da eficiência da solução. Recomendo veementemente a utilização desse método antes da implementação de qualquer ação ou campanha ligada ao propósito.

Quando falamos sobre propósito precisamos ser responsáveis e consistentes no aprendizado, na conscientização e na implantação desse tema tão importante, mas também traiçoeiro se utilizado de forma equivocada. Durante a educação de meus filhos, tinha como livro de cabeceira a obra *Quem ama, educa*, do Içami Tiba. Em um dos capítulos sobre como educar filhos éticos e cidadãos, ele discorre sobre o "Princípio educacional da coerência, constância e consequência", que segue uma linha similar à dos 5 Porquês. Assim como temos criar filhos "tortos", devemos sentir o mesmo em relação ao *purposewashing*. Não gostamos de birra, sabemos que o castigo pelo castigo não educa e tentamos, sempre que possível, fazer da função de pais um processo eficiente, nos utilizando da racionalidade para fugir das armadilhas emocionais. Assim vale para o propósito. Se nossa intenção for autêntica, de longo prazo e tiver governança, minimizaremos nossas chances de cometer equívocos.

Devemos diferenciar muito bem o propósito de uma marca com campanhas de causas que seu marketing escolhe apoiar. O tom e o escopo das ações são determinantes para não se cometer *purposewashing*. O marketing de causas até pode ser eventualmente utilizado como ação tática, mas o propósito, nunca. No novo conceito de propósito, as empresas precisam efetivamente apoiar as comunidades onde estão inseridas. Exemplos de *purposewashing* pipocam aos quatro cantos. Tratar o propósito ou mesmo o marketing de causas como commodities é um crime. Repararam a infinidade de arco-íris divulgados recentemente por marcas? Será que todas elas têm mesmo políticas estruturadas de inclusão e apoio a causas LGBTQIAPN+? Garanto que não. A realidade é que se o propósito não estiver inserido na espinha dorsal de qualquer negócio, ele não passará de um projeto oportunista moldado por pessoas e pela cultura do "tirar vantagem". E sabemos que no mundo globalizado tudo pode retroceder ou virar pó em questão de segundos. O diferencial então é a real motivação por trás da ação.

Peguemos a temática da sustentabilidade, abordada por cem entre cem empresas na atualidade. Combater as mudanças climáticas e cuidar do meio ambiente não são mais desafios da ciência a serem resolvidos por governos e ONGs, mas preocupações sociais que afetam a todos nós. Essa dinâmica torna as empresas um ator fundamental dessa batalha. Uma pesquisa recente descobriu que 71% dos consumidores querem que as empresas os ajudem a adotar ações mais sustentáveis em suas vidas cotidianas. Mas até onde realmente cada uma dessas organizações estão dispostas a agir em prol da sustentabilidade? Sabemos que muitas empresas são empurradas para a sustentabilidade, mas fazem o mínimo exigido a respeito. E como resultado, a sustentabilidade acaba restrita ao topo da organização como um chapéu mal-ajustado e indesejado.

Nesse assunto especificamente, para garantir nosso futuro nos negócios, devemos tornar a sustentabilidade acessível a todos. A indústria de moda e varejo retrata bem essa questão. Alguns *players* recém-chegados, de fato, construíram suas marcas com base na sustentabilidade, enquanto outras empresas tradicionais tentam se reinventar. Gosto do exemplo de uma marca de camiseta de algodão dita sustentável se vangloriando por doar 100% de lucros de uma linha específica de produtos para instituições de caridade. Acreditam que essa empresa irá mesmo reportar de forma transparente seus parâmetros de rentabilidade para o público? Apesar do alarde e mesmo da suposta doação, já pararam para pensar na quantidade de água que se gasta na produção de camisetas de algodão? Sabem que secas têm prejudicado o plantio de algodão no mundo, levando produtores a altos índices de suicídio? Explico: se essa empresa realmente não estiver revendo todo seu processo de fabricação de forma regenerativa, esta dita campanha de propósito está na verdade impactando negativamente o meio ambiente e a saúde mental de todos os envolvidos em seu ciclo produtivo. Ela é até bonitinha no papel, mas um grande arquétipo de *purposewashing* em sua essência, pois aqui o real vilão da história é o próprio algodão, a matéria-prima da camiseta. Questionamentos como esse são cada vez mais recorrentes e a nova geração de consumidores advoga de maneira muito ativa contra o *purposewashing*. Mais do que questionamentos, hoje se cobra resultados, métricas, relatórios de impacto. A única alternativa para salvar o planeta e traçar um novo rumo para a sociedade é capacitando as pessoas a fazerem a coisa certa. Juntos devemos tornar a sustentabilidade acessível a todos. Já dizia o poeta Wystan Hugh Auden: "Milhares conseguem viver sem amor, nenhum sem água".

Por vivermos em um país onde 56% da população se autodeclara preta e parda, temos de estar muito atentos a qualquer tipo de falta de inclusão e olhar sobre diversidade em nossos produtos, comunicação e mensagens para esse público.

Aqui o *purposewashing* acaba nadando de braçada. Infelizmente vivemos um modelo estruturalmente racista, que tenta se disfarçar com "boa vontade" e poucos recursos. As empresas não investem de fato nessa causa de forma direta, se limitam aos cursos e palestras. Porém, já está em tempo de líderes empresariais usarem seu poder e força para reverter esse quadro para um mercado mais equilibrado; precisamos de mais investimentos em empresas e em formação de CEOs afrodescendentes.

O desenvolvimento de produtos para a população preta requer cientistas pretos trabalhando nos laboratórios, campanhas para audiências pretas exigem times de marketing compostos por pessoas pretas e assim por diante. Nos Estados Unidos, o ex-campeão da NBA Dwyane Wade e sua mulher, a atriz Gabrielle Union, decidiram trocar os caches altíssimos como embaixadores de produtos fabricados por multinacionais para essa população por um empreendimento com propósito em sua concepção. Lançaram a Proudly, uma linha de produtos para bebês de pele preta e parda concebido, produzido e distribuído pela comunidade para a comunidade. Uma mudança radical e autêntica de modelo de negócios.

Meu filho primogênito, aluno da Eugene Lang School em NY, estuda a diversidade global e o racismo, e tem me mostrado como a história ensinada nas escolas sobre o desenvolvimento das civilizações baseia-se na elite intelectual predominante, implicando uma versão caucasiana da história. Segundo essa perspectiva, entre os povos africanos se originaram as mais belas e significativas relíquias culturais e materiais de nossa sociedade, mas o racismo lhes usurpou os devidos reconhecimentos e recomenpensas. Tenho aprendido muito sobre como enfrentar esse problema com Ad Junior, um pensador brasileiro, ativista e influenciador digital, uma das lideranças mais importantes na luta pelos direitos dos negros no Brasil.

Quais são os lideres e representantes de minorias que te inspiram hoje no Brasil?

1. _____

2. _____

3. _____

Outro campo digno de menção é a filantropia, que infelizmente tem sido utilizada por alguns poucos empresários e empresas como forma de *purposewashing*. Como maiores símbolos desse mau exemplo temos o caso chocante da família Sackler, responsável pela catastrófica crise dos opioides nos Estados Unidos. Ganharam bilhões ao montar um esquema criminoso que transformou uma droga altamente viciante em analgésico trivial e se utilizavam da filantropia para se passarem por bons moços perante a sociedade, apesar de terem sido responsáveis pela morte e pelo vício de milhões. Felizmente foram desmascarados e punidos. Existem ainda alguns oportunistas utilizando a filantropia meramente para amenizar obrigações fiscais, por meio de deduções de contribuições de caridade. Estaria a filantropia sendo instrumentalizada como licença para transgredir? Esses, pouco a pouco, também têm sofrido com os revezes de sua falta de autenticidade. Fica aqui meu total desprezo a essa cambada de safados.

O marketing ganhou um status mais estratégico por precisar necessariamente estar alinhado à operação do negócio. De *purposewashing, greenwashing* a *pinkwashing*, as empresas que usam o propósito como tática de marketing arriscam seu destino. Quando se trata de tornar sua promessa de marca mais verdadeira, lembre-se de que as partes interessadas estão ficando mais rápidas em questionar. E não é tão fácil se recuperar de uma promessa quebrada. Como disse Warren Buffett: "Leva vinte anos para construir uma reputação e cinco minutos para arruiná-la".

O planejamento tem de ter uma amplitude de 360 graus. A execução precisa ser perfeita e prever questionamentos e acertos de rota. Devido à segmentação dos meios de comunicação e à facilidade de acesso à informação por qualquer um, em qualquer lugar e a qualquer hora, não se consegue mais agradar a todos em um mesmo discurso. Assim, para marcas que não têm uma estratégia clara e definida sobre um tema tão vital – e sabemos que essas são muitas, se não a maioria –, minha grande recomendação é a de ficar calado. Isso mesmo, fique quieto até que tenha algo relevante e engajador a ser comunicado. Se continuarmos insistindo no propósito raso, mesmo no caso de sucesso em evitar o *purposewashing*, não conseguiremos fugir do "discurso tofu" (sem cheiro nem gosto), que não convence ninguém, ainda que pareça atender a todos. Existem muitos outros atributos a serem explorados pelo marketing sem o risco de comprometimento de imagem e reputação, que tanto tempo e investimento demandam em seu processo de construção. Melhor falar de outro assunto do que tentar surfar uma onda antes mesmo de ter aprendido a nadar. Propósito é o assunto do momento, não é uma febre ou uma moda, e chegou para ficar.

UM **PRINCÍPIO** **NÃO** É REALMENTE UM **PRINCÍPIO** ATÉ QUE LHE **CUSTE ALGUM DINHEIRO**

—

Outra forma de evitar práticas de *purposewashing* é pelo estudo. Conhecimento é sempre bem-vindo e, no meu caso, recorri à leitura de livros sobre o tema para enriquecer meu entendimento em relação a marcas em busca de propósito como diferencial competitivo.

Recomendo a leitura de *Impacto positivo*, de Paul Polman, em que defende o conceito de *net positive*. Empresas e marcas conseguem melhores retornos quando passam a resolver problemas do mundo em vez de meramente criá-los. Para mim não cabem mais na conjuntura moderna negócios que não sejam *net positive*. Precisamos de impacto, bem-estar e transformação em todos os níveis e diversas escalas: em cada marca, cada produto, cada operação, cada região, cada país, cada *stakeholder*, cada funcionário, cada fornecedor, cada comunidade, cada consumidor, cada pedaço do planeta. Ou seja, em tudo e em todos. Governos são incapazes de solucionar esta charada sozinhos. Essa é a grande oportunidade para as marcas investirem no propósito e se tornarem protagonistas.

Na minha lista de livros referência também está *Brand activism: from purpose to action* [Ativismo de marca: do propósito à ação], de Christian Sarkar e Philip Kotler, que têm uma visão muito rica e provocadora. A obra mescla conteúdo teórico, como o *brand activism framework* – uma matriz que todo profissional de marketing deveria conhecer –, com entrevistas de grandes líderes e pensadores, como Scott Galloway, John Elkington, Raj Sisodia, além do próprio Philip Kotler. Os conceitos de ativismo e da força das comunidades são abordados de maneira ímpar.

O *Purposeful brands* [Propósito da marca], de Sandy Skees, foi escrito para profissionais de *branding*, marketing e comunicação. O livro descreve como liberar energia inspiradora e por meio da promoção da inovação e da criatividade. Ensina a usar histórias e dados para se comunicar de maneira eficaz com os consumidores e garantir a adesão das partes interessadas em mudanças organizacionais e culturais. Este livro foi escrito por um profissional líder no campo do propósito, do impacto e da sustentabilidade da marca e confirma o quanto o propósito é um recurso essencial para sua marca alcançar vantagem competitiva e contribuir para um mundo regenerativo e igualitário.

Um outro livro bacana sobre o tema é o *Activate brand purpose* [Ativando o propósito da marca], de Scott Goodson e Chip Walker, ambos da agência Strawberry Frog. Eles compactuam comigo quanto a uma visão de *Movement thinking*. Recomendam às marcas entender o poder e funcionamento dos movimentos e protestos como expressão social e destacam a importância de sabermos o que move os indivíduos a agir. Pessoas aderem a movimentos não somente pelas causas em si, mas, sobretudo, pelo conforto emocional e a empatia sentida. O *Movement thinking* aproveita os princípios por trás dos mais bem-sucedidos movimentos da sociedade para ajudar líderes de empresas a inovar e gerar impacto não só em suas companhias, mas em toda comunidade ao redor.

Já uma leitura interessante para abrir nossa cabeça contra o ceticismo em relação ao propósito das marcas e corporações é *Deep purpose* [Propósito profundo], do PhD de Harvard Ranjay Gulati. Como professor e pesquisador, Gulati se propõe a ajudar a minimizar erros e impactos negativos que levam ao *purposewashing*. Com o capitalismo e a credibilidade das empresas em xeque, se faz mais que necessário um mergulho profundo no tema do propósito, embasado em dados de estudos críveis.

Nessa pegada dos negócios se reinventando para salvar o mundo, o livro *Purpose + profit: how business can lift up the world* [Propósito + lucro: como os negócios podem elevar o mundo] é um apanhado de estudos e exemplos concretos, fruto de anos de prática do professor prodígio de Harvard, George Serafeim.

O capítulo que mais me agradou foi sobre os arquétipos de oportunidade, que mostram como empresas capturam valor por meio de suas práticas. Segundo o autor, os modelos que têm maior potencial de geração de valor são os que dizem respeito à uma total regeneração das marcas, dos negócios e dos mercados.

O *Utopia brands* [Marcas de utopia] defende uma reinvenção da disciplina de *branding*, diferentemente das ferramentas de marketing rasas inventadas nos anos 1960. Benoit Beaulfils e Subodh Deshpande descrevem uma abordagem de *branding* profundo que coloca no centro o desenvolvimento de uma utopia de marca, complementada por três elementos básicos: transparência, abundância e comunidade. Uma perspectiva que transforma a marca em uma ferramenta de liderança e equipa CMOs[1] e CEOs com o pensamento substancial para causar um impacto positivo no mundo e expandir seus negócios. Como Thomas Kolster diz no prefácio: "E se este livro puder inspirar líderes a reimaginar como pode ser a agricultura? Reimaginar como podem ser as viagens? Não é uma mudança incremental, mas a mudança real do sistema que é necessária".

Neste momento de agitação massiva, o livro *Good is the new cool*, escrito pelos meus amigos Afdhel Aziz e Bobby Jones, mostra que criadores e empreendedores são mais importantes do que nunca para reformular as crenças, as mentalidades e os valores, que são a base da mudança e transformação social. O best-seller se propõe a ajudar dezenas de milhares de pessoas em todo o mundo a usar seus talentos e recursos para impactar mudanças positivas.

Inspirados por essa lista de pensamentos e teorias, concluímos que o marketing é uma ferramenta vital e tem papel decisivo na construção de uma marca cidadã. Portanto, cuidado com o *purposewashing*. Anteveja cada detalhe de seu posicionamento,

---

[1] Do inglês, *chief marketing officer*; refere-se a diretor da área de marketing.

levando em conta a inteligência dos consumidores. E lembre-se: os jovens se tornaram experts em desmascarar empresas que não respeitam o *"walk the talk"* [faça o que diz].

Quais você considera os principais desafios para superar o *purposewashing* em seu trabalho?

1. _____

2. _____

3. _____

capitalismo consciente, **ESG**
e **marcas regenerativas**:
seus **valores** gerando **valor**

CAPÍTULO **9**

*P*ara escrever este capítulo tão importante farei referências a ideias e conceitos de especialistas no assunto, entre eles duas pessoas que respeito muito e que têm trabalhado arduamente na construção de um modelo de negócios mais sustentável em nosso país: Fabio Alperowitch, da Fama Investimentos, e Hugo Bethlem, do Capitalismo Consciente.

Na minha cabeça tudo deve começar com uma profunda reflexão: por que as organizações existem? Por muito tempo, as instituições se esconderam atrás da velha doutrina de que a razão de sua existência seria a de gerar lucro. Mas hoje percebemos que esse argumento não é convincente. Todos sabemos que o paradigma já mudou. O objetivo ideal dos negócios deveria ser o de produzir soluções lucrativas para os problemas das pessoas e do planeta, muito diferente do modelo praticado em que se lucra desenfreadamente e se cria problemas que em breve dizimarão a humanidade. O propósito é a resposta para todos os "porquês?". O real porquê da sua organização existir e o porquê de ela ser importante para a sociedade. As empresas devem lutar para encontrar a resposta para essas perguntas e comprometer-se com seu propósito. O propósito e as estratégias ESG são essenciais para tornar um negócio próspero e resiliente, que beneficie a sociedade em vez de prejudicá-la. O propósito visa criar impacto social e cultural, enquanto o ESG está focado na eficiência e na redução de riscos.

O bilionário e criador da eBay, Pierre Omidyar, sempre acreditou no poder das ideias. Para ele, ideias importam. Omidyar nos ensina que algumas estão arraigadas em nossas mentes de modo tão profundo que nem percebemos o poder exercido por elas sobre nosso pensamento e comportamento. Ideias afetam tudo, desde a forma como estruturamos a sociedade, a democracia e nossas famílias até mesmo algo tão complexo como a economia. Decidido a se tornar um filantropo e trabalhar na regeneração da humanidade, concebeu a Omidyar Network, que atua no enfrentamento dos desafios estruturais do nosso sistema econômico e para moldar uma economia nova e inclusiva. Sua luta visa garantir que os mercados sirvam aos interesses de todas as pessoas e da sociedade. Esta rede enaltece uma economia global mais forte, mais resiliente e mais equitativa.

Os movimentos de mercado não ocorrem naturalmente, eles são construídos. São deliberadamente moldados por ideias, normas, valores, cultura, capital, política, leis e, claro, pelo poder e pelas pessoas. A rede também acredita que um capitalismo reinventado e um novo paradigma econômico devem colocar o bem-estar individual, comunitário e social no centro, permitindo que todos participem de forma significativa de nossa economia, democracia e sociedade. Sob uma concepção atualizada do capitalismo, devemos continuar a incentivar e recompensar as realizações individuais e as empresas. Contudo, devemos igualmente garantir a inserção de pessoas que foram histórica e sistematicamente marginalizadas pelo racismo estrutural, pelo colonialismo, pelo paternalismo e pela indiferença. Oportunidade, poder e a autoestima que advêm da prosperidade econômica e de uma democracia vibrante, justa e receptiva.

Conversando com o Hugo Bethlem, cofundador e *chairman* do Instituto Capitalismo Consciente Brasil, que segue e defende a mesma linha de raciocínio, percebi que as teorias de Adam Smith nos colocaram em uma sinuca de bico, mas também que a "desfriedmantação" da economia nos traz a oportunidade de darmos uma face mais humana ao mercado e, por consequência, maior dignidade aos executivos e às executivas no comando dos negócios. Uma ótima notícia a todos, afinal, sempre tive dificuldade em acreditar que não almejamos que nosso trabalho diário seja uma força transformadora a serviço do bem da sociedade, das pessoas e do meio ambiente. Nesse contexto, por exemplo, uma empresa passa a ser respeitada por não poluir em vez do modelo atual, o qual valoriza as companhias comprometidas em meramente compensar emissões. Gosto deste trecho de um artigo do Hugo publicado na *Época Negócios*, em 2023, para explicar um pouco mais sobre capitalismo consciente e capitalismo para *stakeholders*:

> Desde 2013, o capitalismo consciente começou a se consolidar no Brasil com o objetivo de transformar o jeito de se fazer investimentos e negócios no país, para diminuir as desigualdades, multiplicando os pilares que levam a uma gestão mais humana, mais ética e mais sustentável. Acreditamos que um negócio só é bom quando cria valor para as pessoas e o planeta, é ético quando baseado em trocas verdadeiras e voluntárias entre seus *stakeholders*, é nobre quando tem a capacidade de inspirar e elevar a dignidade humana e, principalmente, é heroico quando tira as pessoas da pobreza, gerando prosperidade econômica.
> Os negócios conscientes têm de ter pelo menos quatro pilares fundamentais: 1) um propósito que responda à pergunta: "qual a dor da sociedade realmente quer

curar?"; 2) tratamento equânime de todos os colaboradores, clientes, fornecedores, concorrentes, governo, investidores e acionistas; 3) um líder consciente, que cuida das pessoas, para que, todos juntos, cuidemos do nosso planeta; 4) e uma cultura consciente, na qual as pessoas sejam cuidadas e compreendam o verdadeiro "porquê?" por trás daquilo que fazem.

E este outro trecho bem contundente: "se a única 'obsessão' é a maximização do lucro, como se importar com as pessoas e com o meio ambiente?". Infelizmente faz parte do primeiro grupo uma grande porcentagem das empresas do mundo, resultado de uma cultura impregnada desde o fim dos anos 1970 e vista por muitos como a fórmula do sucesso. Não podemos mais aceitar empresas que usam as pessoas e os recursos naturais em seu próprio benefício, perseguindo ser a "maior e melhor organização do mundo", em vez de cuidarem e servirem às pessoas e ao planeta, buscando ser "a melhor empresa para o mundo". A crise climática, a pandemia, as guerras, as mídias sociais, as novas gerações e suas implicações comportamentais, socioambientais e financeiras inevitáveis exigem um novo modelo de comportamento social. Os principais desafios socioambientais são o egoísmo, a ganância e a apatia. Para lidar com eles, precisamos de uma transformação cultural, moral e espiritual. James Baldwin disse: "Nem tudo que é encarado pode ser mudado, mas nada poderá ser mudado se não for encarado". Como Bethlem colocou: "Líderes sempre dão o tom. Mais do que tarefas para serem executadas, e uma remuneração por isso, eles devem dar às pessoas algo para acreditarem".

Comecei a empreender cedo, no início dos anos 1990, quando tinha 22 anos. Para montar meu negócio, estudei o mercado e os concorrentes, busquei *benchmarks* e tentei definir parâmetros de sucesso. Como era muito jovem e minha especialização vinha da área de marketing, existiam alguns pontos nas práticas de mercado, especialmente ligados à gestão financeira, que na época me incomodavam consideravelmente. Engraçado que, apesar de não utilizar mecanismos predatórios ao meu ver, não me sentia seguro em admitir meus pontos de vista publicamente em rodas de experts de finanças. O conceito, por exemplo, de crescimento desenfreado sobre desempenho passado é algo que sempre tive dificuldade de aceitar e mesmo pregar em minha empresa. Tenho sempre a eficiência como meta, mas como não extrapolar limites?

Em uma vivência prática: em um ano X, tivemos um resultado espetacular, com crescimento extraordinário sobre o ano anterior. Esse resultado foi fruto de um cenário em que todos os nossos clientes estiveram ativos e com trabalhos de grande porte e ainda de um aumento significativo de negócios gerado por uma situação excepcional e anormal do segmento de mercado de um cliente específico. Pensava comigo mesmo: "Como exigir de meu time crescimento para o ano que vem? Talvez não seja sustentável. Estarei incentivando comportamentos éticos questionáveis? Como evitar barbeiragens?".

Ainda não existia o ESG – acrônimo que significa "environmental, social and governance" [ambiental, social e governança]. O ESG pode ser descrito como um conjunto de práticas (políticas, procedimentos, métricas etc.) que as organizações implementam para limitar o impacto negativo ou aumentar o impacto positivo no meio ambiente, na sociedade e nos órgãos de governança. A priorização de preocupações ambientais, sociais e de governança corporativa no investimento não é mais tratada como um nicho, já que um fluxo crescente de relatórios de instituições financeiras alerta para as consequências econômicas da falta de conscientização e de iniciativas relacionadas a esses temas. Hoje o ESG é uma realidade; porém, infelizmente essas três letras sozinhas são incapazes de salvar o mundo. Nossos atos, contudo, têm esse poder!

Assim, visando entender seu novo papel, várias empresas têm se reestruturado. Todas as operações estão sendo revistas sob essa nova ótica e muitos investimentos em infraestrutura e em cultura organizacional têm sido feitos. Além desse direcionamento, é bacana demais ver o número de empresas revendo conceitos de marketing, incentivando seus profissionais a participarem de iniciativas do Sistema B, do Capitalismo Consciente, do Sustainable Brands, do Good Is The New Cool, entre outras. Infelizmente ainda existe um grupo grande de executivos acreditando que seja falsa essa relação direta entre responsabilidade e rentabilidade. Discordam que empresas mais responsáveis tendem a ser mais lucrativas e a correr menos riscos. Tarjam as empresas responsáveis de perdulárias e continuam acordando todo dia pensando em como ser maiores e mais rentáveis a qualquer custo. E isso afasta essas pessoas da agenda da responsabilidade e da sustentabilidade. Até porque essa é uma enorme falácia, e vários estudos provam o contrário. Precisamos de um posicionamento responsável das empresas. Não podemos permitir que ESG seja uma pequena área das companhias ligada apenas ao marketing. Deve ser um compromisso que começa com o conselho de administração, passando por todas as diretorias. O ideal seria constarem em estatuto, pois, pelo fato das boas práticas ambientais, sociais e de governança estarem ganhando notoriedade no mercado financeiro, investidores têm optado por fazer aportes em empresas que também tragam esse conceito em seu DNA.

Líderes ESG corajosos estão criando um novo valor comercial. Eles são o epítome dos disruptores. Estão implementando políticas empresariais que protegem seus *stakeholders*, além dos produtos e serviços de sua organização. Políticas que oferecem oportunidades iguais aos membros da equipe e desenvolvem a sociedade local gerando pequenos ganhos, que ao longo do tempo produzirão resultados de longo prazo dos quais as empresas orientadas por propósitos se beneficiarão. Outra questão crucial para o ESG é diversidade, inclusão e capacitação. Em um modelo no qual as empresas operam em um ecossistema moldado pela sociedade dominante branca, desafiar esse formato ultrapassado é uma atitude de vanguarda. Fico cada vez mais convencido de que nossos valores são a verdadeira mola mestra para a geração de valor em nossas empresas. Então como romper essas barreiras? O caminho a seguir é o comprometimento com uma abordagem justa e consistente, em vez da atual "aparência de justiça". Precisamos erguer culturas organizacionais que trabalhem em um novo ecossistema de equidade de oportunidades, reconhecimento e remuneração para todos. Se uma empresa realmente deseja promover a diversidade e seus benefícios, a única maneira é contratar e promover regularmente pessoas que não se pareçam com a liderança atual. A abertura à mudança e a transparência são vitais. As empresas precisam abrir caminhos para novos perfis de líderes e se conectar de forma significativa com seus *stakeholders* na construção de uma comunidade livre de preconceitos, desenvolvendo um compromisso genuíno com a criação de organizações e sistemas equitativos.

Com o tempo comecei a entender que sempre fui um empresário com o ESG na veia. Sou adepto do "capitalismo de *stakeholders*", em que as empresas produzem resultados positivos para os negócios, para a economia, para a sociedade e para o planeta. Mas lendo uma entrevista brilhante do meu amigo Fabio Alperowitch sobre o início da Fama Investimentos, no mesmo período em que fundei minha empresa, a Motivare, vi meus pensamentos descritos em palavras. Divido um trecho aqui com vocês:

> Quando começamos, em 1993, o acrônimo ESG não existia. Não foi uma estratégia comercial, e sim uma decisão baseada em nossos valores. Como vou colocar

dinheiro de um cliente numa empresa que sonega imposto, que maltrata funcionário, que não respeita acionistas minoritários, que faz mal para a saúde pública? Era simplesmente uma questão muito forte nossa de valores éticos. Depois que ficamos sabendo de ESG, vimos que isso era maior do que nós mesmos.

[...] O ESG já estava aí. Eu pratico há muitos anos, mas não era *mainstream*, e ainda não virou, só está saindo de um lugar muito nichado. Isso tem a ver com várias coisas. Tem a ver com uma mudança no capitalismo. Quem eram as referências de sucesso daquele capitalismo extremamente hostil da década de 1990? Era o Banco Garantia, a Ambev, as Lojas Americanas, eram justamente as empresas que se importavam só com elas mesmas e com seus acionistas, que não estavam interessadas em seus *stakeholders*. Se o fornecedor me der o máximo de desconto até quebrar, problema dele. Se exigir demais do meu funcionário até ele pifar, problema dele, ele que vá para casa, ele é um fraco. Esse era o modelo e essas empresas eram superadmiradas. Mas elas começaram a performar mal. Estamos numa transição que levou muitas empresas a começarem a valorizar seus *stakeholders*.

Tem uma segunda questão que é geracional. As pessoas da minha geração não estão nem aí para o social e para o ambiental. As pessoas da geração Z se importam com esses valores. Estou generalizando, mas questões como preservação ambiental, crueldade animal, racismo, homofobia etc. fazem parte dos valores dessa nova geração. O que significa que as empresas, quando querem vender produtos ou atrair talentos ou pensar na reputação da marca, precisam trazer um pouco desses conceitos.

O terceiro ponto, pincipalmente na questão climática, é que caiu a ficha de que nós, sociedade, procrastinamos por muito tempo, estamos numa situação de emergência, e isso acaba implicando numa reação mais contundente. Do ponto de vista global, esses três movimentos têm levado ao aumento do interesse no ESG.

Ou seja, hoje entendemos que o despertar do propósito e a mudança de paradigma nos negócios nos obriga a rever nossos conceitos e perceber que nem sempre o crescimento pelo crescimento é sustentável e que certamente esses não são parâmetros de sucesso que toda empresa ou economia deveria buscar. Sem resultado financeiro, não existe negócio, mas as crescentes discussões sobre sustentabilidade, responsabilidade social e governança mostram que o lucro é um meio e não pode ser a finalidade da operação, tampouco sua razão de existir.

Falando ainda um pouco mais sobre o capitalismo de *stakeholders*, divido aqui com vocês um trecho do livro *A estratégia do varejo sob a ótica do capitalismo consciente*, de Hugo Bethlem. Nesta representação do ecossistema do varejo vemos a empresa no centro e os stakeholders como essência do negócio:

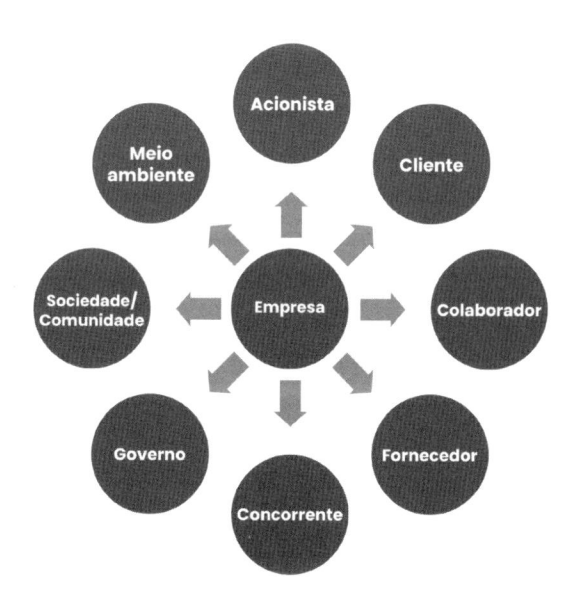

Toda empresa tem *stakeholders* (partes interessadas); mesmo que não tratem deles desta forma, estão lá presentes e interdependentes.

Para falarmos em varejo consciente precisamos entender as necessidades desta sofisticada engrenagem e seus componentes como fins em si mesmos, e não como meios para a empresa atingir seus interesses próprios, como se fossem peças de um quebra-cabeças que uso porque me levam ao meu objetivo final de maximização do lucro. Varejos conscientes não fazem *trade-offs*, ou seja, entendem a interdependência dos vários *stakeholders* de seu ecossistema, essa é a grande diferença para os varejos tradicionais, onde são feitos *trade-offs*, assim, para maximizar o retorno e lucro do acionista, muitos *stakeholders* são preteridos e penalizados na sua geração de riqueza. [...] O interessante é ver que a maioria dos varejistas prega que o cliente vem em primeiro lugar, mas não cuida de quem cuida do seu cliente: o colaborador.

Muitas vezes esse ganha um salário de miséria e, consequentemente, não tem condições dignas de se manter, nem seus entes queridos. Mora muito longe em situação precária e perde horas do seu dia no transporte coletivo de má qualidade. Há empregadores que, dependendo do número de conduções que o colaborador necessita para ir e vir, nem o contrata, para que o vale-transporte não seja "caro". Aí, quando consegue ser contratado, chega na sua unidade de trabalho, e muitas vezes uma loja que não tem um vestiário digno para se trocar, para tomar um banho na saída, para ir à escola ou para casa. Há refeitórios precários com comida racionada, pouco balanceada e higiene questionável; se não bastasse tudo isso, são humilhados com revistas pessoais em seus pertences para ver se não estão "roubando" nada.

Trabalhando nessas condições inadequadas, recebem "treinamento" para "servir" os clientes. Ora, vamos ser honestos, depois de tudo isso, você chega ao seu colaborador e diz: "Vai lá, sorria para o cliente e trate ele muito bem!". Como você acha que ele irá encarar esse conceito de perde/ganha? Qual será a verdadeira motivação para que esse cuidado com o cliente seja aplicado por um colaborador que não sente esse cuidado com ele mesmo? Então, aí começa a diferença de um varejo tradicional para um varejo consciente. Esse segundo, considera que o negócio dos negócios são as pessoas, por isso cuide das pessoas que elas cuidarão do negócio. "Trate o seu cliente como rei, porque é ele que paga seu salário, mas trate seu colaborador como cliente, porque é ele que trata seu cliente", dizia Feargal Quinn – fundador e CEO do SuperQuinn, uma rede de varejo Irlandesa. [...] O segundo grande perdedor numa relação tradicional são os fornecedores, principalmente os pequenos e médios. Os varejistas tradicionais encaram os fornecedores e as pessoas que os representam como "inimigos" a serem vencidos, quando na verdade, não há "inimigos", apenas adversários em um ponto específico: o preço do produto. O varejo nada mais é do que o "prestador de serviços" para a indústria, ao levar seus produtos e marcas ao consumidor final, cliente de ambos. Por isso, 99 de 100 questões são comuns aos dois. [...] Ao praticar uma política de ganha/ganha/ganha, podemos mudar essa relação de ganha/perde; quando na verdade se pensa que o fornecedor perdeu, todos perderam, inclusive o cliente final.

Num modelo sustentável, todos devem funcionar como órgãos vitais de um só corpo, pois, afinal, corporação vem de corpo em ação, e como tal devem ser respeitados, valorizados e integrados no contexto das operações do varejista. [...] Por isso, nenhum desses órgãos vitais pode ser tratado num contexto individualista, como se não pertencesse à mesma corporação, pois, quando um desses órgãos é tratado como "fim" e os demais, como "meio", haverá um desequilíbrio na harmonia e na unidade do ecossistema de *stakeholders*.

Desta forma, corre-se o risco de perder a interdependência e a busca pela independência, levando a uma corrida injusta, do "eu primeiro", reforçando muito os *trade-offs* e destruindo relações uníssonas que buscavam o bem e a geração de riqueza para todas as partes. Muitos varejistas tradicionais só pensam em seus lucros e no curto prazo, [...] enquanto varejistas conscientes pensam na geração de riqueza para todas as partes interessadas, enquanto geram lucro para seus acionistas. Como no corpo humano, o coração não pode trabalhar apenas para o cérebro, esquecendo os rins e pulmões, por exemplo. Se todos não trabalharem para a preservação da vida saudável do corpo que habitam, será uma falência generalizada, causada por um ganha/perde que buscou a independência, ao invés da interdependência. [...] Mas quem determina se um varejo será tradicional ou consciente sempre será o seu líder. Os líderes sempre dão o tom. Varejos conscientes, movidos pelo propósito e regidos pela interdependência de seus *stakeholders*, obtêm qualidades excepcionais de engajamento e energia de sua gente. As organizações existem por causa do compromisso e criatividade das pessoas. [...] O primeiro passo para fazer um negócio se tornar consciente é ter o Propósito no centro de tudo e alinhar de forma clara com todos seus *stakeholders*: colaboradores, fornecedores, clientes, comunidade, meio ambiente e acionistas. [...] Se isso for verdadeiramente praticado, teremos um ecossistema que funciona como uma engrenagem interdependente e cujos resultados, no longo prazo, serão melhores e maiores do que em um varejista com modelo tradicional. [...] Colaboradores respeitados tornam-se engajados, mais felizes e têm prazer em trabalhar. Eles cuidarão dos clientes com carinho e profissionalismo, e por consequência esses clientes serão mais fiéis e encantados, vão gerar mais negócios para seu varejo, desta forma a negociação com fornecedores será mais dinâmica e os resultados serão mais consistentes e maiores, vão gerar maior retorno ao seu acionista, que ficará feliz também e reinvestirá mais no negócio, para a roda da prosperidade continuar funcionando. [...] Enfim, lembremos que antes de serem *stakeholders*, partes relacionadas, órgãos vitais de um ecossistema que têm o propósito do varejista no centro de suas ações, estamos lidando com seres humanos, que têm emoções, sentimentos, virtudes e defeitos.

Todos, de alguma forma, contribuem para criação de valor, por isso cabe ao varejista consciente cuidar e compartilhar os benefícios com todos eles.

A pandemia foi um propulsor do ESG. Percebeu-se que a sociedade corre sério risco se não tiver políticas de preservação, de tratamento às pessoas e gestão de recursos. Ficou muito claro que as empresas que não têm clareza sobre seu propósito e um compromisso autêntico com a sustentabilidade e a diversidade estão colocando em risco suas perspectivas de longo prazo. Qualquer um que viva fora da bolha dos investimentos da velha escola está ciente disso.

Precisamos de empresas e marcas constantemente criando valor por meio de seu código de valores. Em um dia em que me sentia menos otimista e mais desgostoso com o ser humano, vem Yvon Chouinard, fundador da fabricante de artigos esportivos para montanhismo Patagônia, e expõe para o mundo que existem outros caminhos. Obcecado pelo propósito em vez do lucro, mostrou que empresas, que praticam um capitalismo para *shareholders* e colocam o lucro como centro do universo e seus gestores em primeiro lugar, posicionarão todos os demais *stakeholders* em planos distantes. Yvon provocou um frenesi no planeta ao anunciar a transferência do controle da Patagônia para uma estrutura de fundos e *trusts* que terão a responsabilidade de manter vivos os valores fundamentais da companhia, administrando os negócios de forma não convencional. Os lucros, em vez de serem distribuídos para acionistas ou gerarem valor para uma futura transação bilionária, passarão a servir a um propósito. Ou seja, os resultados gerados por esses negócios atenderão à missão da empresa ou serão todos destinados à proteção do meio ambiente e à luta contra a mudança climática. Investidores e fundadores serão apenas compensados com dividendos limitados. Fica a pergunta: seria viável replicar esse modelo? Para mim, a resposta é "sim", obviamente com algumas ressalvas.

O modelo adotado pela Patagônia talvez seja radical demais para ser considerado aplicável e escalável em qualquer negócio. Todavia nos mostra que relatórios de sustentabilidade pomposos, porém ocos, fazem parte do passado. O mundo carece de ação. Importante também frisar que a decisão de Yvon Chouinard não representa simplesmente uma postura de caridade ou mesmo filantropia, mas o reconhecimento de que nos tempos atuais o lucro e o interesse do acionista só podem coexistir em uma sociedade justa e um planeta saudável. É muito importante sabermos que a Patagônia já havia causado outro frenesi global antes, mas justamente por uma brilhante estratégia de marketing superalinhada com seu propósito de empresa e seu DNA. Na Black Friday de 2011, data sabidamente de maiores vendas nos Estados Unidos, a Patagônia publicou uma provocante campanha no *New York Times*, a "Don't buy this jacket" [Não compre esta jaqueta]. A grande e corajosa sacada foi a de posicionar seus artigos de montanhismo como defensores e parceiros dos amantes da natureza, na linha do "só compre nossos produtos se realmente precisar, porque senão estaremos causando mal ao nosso maior patrimônio". Uma ação de *branding*, uma visão clara de longo prazo e um exemplo de posicionamento de sucesso que fez história.

Vendo esses maravilhosos e inspiradores exemplos do Yvon, me permito fazer uma breve digressão. Por que tantos outros empresários e executivos ainda se gabam de seus ganhos e patrimônios astronômicos parados em suas contas bancárias e de seus gastos em um estilo de vida egoísta e egocêntrico? Mentalidade que vira e mexe acaba em horríveis brigas familiares por heranças, quando não resulta na formação de um bando de filhos e netos mimados ou deprimidos. Outro dia meu filho me perguntou se eu não achava que bilionários que não têm o hábito de retribuir ao planeta e à sociedade deveriam ser considerados criminosos. Uma questão delicada e que faz muito sentido. Cada um é cada um e tento sempre respeitar todo tipo de comportamento e opinião, mas sobre bilionários (na verdade, qualquer pessoa que tenha prazer em acumular além do necessário) e suas prioridades, confesso que o estereótipo sempre me incomodou. Quanto realmente precisamos para uma vida tranquila e feliz? Em que momento o conforto financeiro se mistura à ganância e ao poder? Por que não trocar o prazer individual pelo coletivo? O mundo se curva e clama por novos Yvons.

Ao mesmo tempo, neste momento de transição, precisamos ter cuidado para não sermos radicais. A forma como essa mudança for gerida será decisiva. Enxergo três principais riscos: o primeiro ligado à escolha do caminho para chegar ao objetivo final, se ele será suave ou abrupto; o segundo diz respeito às medidas a serem tomadas pelas partes interessadas visando facilitar os ajustes necessários para uma transição completa; e o terceiro tem a ver com uma série de restrições que podem ser desafiadoras, mesmo que o caminho escolhido seja relativamente suave e gradual.

Estamos vivendo toda essa transformação com nosso avião em pleno voo, ou seja, muitas empresas têm acreditado e investido na necessidade de se reinventar e se regenerar, porém a migração efetiva e definitiva para o modelo ideal deverá respeitar um *timing* que evite o colapso do mundo.

Outro fenômeno alarmante é o grau de polarização que vivemos hoje em nossa sociedade. Se não formos responsáveis, levaremos essas questões para os campos do radicalismo e do conflito. Gandhi nos ensinou que o idealismo utópico é ineficiente na maioria dos casos, enquanto o idealismo prático, sempre transformador.

Voltando à seara do marketing, temos a certeza de que as marcas que não forem cidadãs serão extintas do ecossistema futuro. Com isso vivemos um momento de pânico nas empresas que buscam freneticamente por um reposicionamento institucional e de suas marcas. Felizmente, apesar de um grande grupo de oportunistas ainda estar tentando "milkar a vaca" do sistema passado (expressão muito usada em marketing quando se explora o modelo vigente acima de seu limite), temos assistido ao surgimento de diversos profissionais bem-intencionados e engajados na transformação do propósito das empresas. Estudando os *cases* recentes e toda movimentação em torno do assunto nos últimos dez anos, vi muita coisa bacana. Um ponto, porém, causador de dúvidas versa sobre o momento em que o crescimento e a pressão por resultados passam a impactar o propósito. É possível ser *mainstream* e respeitar o *profit and loss statement* (P&L)? É possível para uma marca já popular e consolidada fazer revoluções que comprometam sua posição de mercado? Sabemos que é um tema muito difícil, por isso entendo que, fora raríssimas exceções de marcas cidadãs nativas, como a própria Patagônia ou a TOMS, a maioria das marcas só conseguirão o impacto necessário se iniciarem um processo de regeneração.

O conceito das marcas sustentáveis já ficou para trás dando lugar ao das regenerativas. Hoje as marcas só engajam seus consumidores se respeitarem a diversidade de seus colaboradores, se impactarem positivamente suas comunidades e se preservarem nosso planeta. Apenas as marcas regenerativas sobreviverão ao processo de seleção natural vigente. Se sua marca nasceu e sobreviveu à última década, mas a sua organização ainda não está alinhada de fato a um propósito, deveria estar. Sempre fui um fã de Darwin, tanto de sua obra como de sua vida, e entendo que a Teoria da Evolução se aplica perfeitamente ao momento pelo qual passamos. Em um mundo impactado por múltiplas crises simultâneas, pandemias, mudanças climáticas, desigualdade social, segregação racial – só para encabeçar a lista –, espera-se das marcas um posicionamento mais íntimo e responsável, em que o reconhecimento de que vivemos um *status quo* falido se torna fundamental para o desenvolvimento de um novo padrão de comportamento.

Como parte integrante da cultura dominante, as marcas têm o poder de moldar a opinião e as tendências populares, criar um senso de identidade e pertencimento e compartilhar sua missão e seus valores com um público amplo. Essa influência pode ser vista no modo como as pessoas se vestem, na comida que comem e nas atividades das quais participam. Ao se envolver com consumidores e *stakeholders* por meio de práticas e comportamentos sustentáveis, as marcas podem conduzir uma cultura de regeneração que resulta em uma mudança cultural positiva e duradoura em que todos saem ganhando. À medida que o propósito se torna cada vez mais massificado, cresce a demanda do consumidor por inovações sustentáveis em produtos e serviços. Essa dinâmica permite que as marcas alavanquem novas oportunidades de negócios e participem ativamente da reformulação do futuro da sociedade e do meio ambiente. Ao se comportar de maneira regenerativa, as marcas podem obter vantagem competitiva, aumentar sua relevância e fortalecer a afinidade dos consumidores. Tudo isso enquanto valorizam seu grande ativo, se posicionando na vanguarda ao utilizar seu poder e sua influência para disseminação do bem. As marcas podem ajudar a fechar uma importante lacuna apoiando questões de propósito nas quais seus consumidores já estão mergulhados. São áreas que precisam de transformação, cujo ritmo de mudanças pode ser impulsionado pelas marcas.

Por esse motivo, profissionais de marketing precisam adquirir novas aptidões e incluir novas atribuições em suas descrições de cargo. Afinal de contas, marcas são feitas de pessoas desde sua concepção, produção e, nesse caso, divulgação. Assustador no início, mas muito prazeroso e engrandecedor no médio e longo prazo. Como citei, o conceito de marcas sustentáveis já faz parte do passado. Digo isso, pois apesar de ser uma qualidade nobre, a sustentabilidade expressa a continuidade e a capacidade de sobrevivência em determinado cenário. Já regenerar é mais poderoso. Uma marca regenerativa aspira por mais. Aspira atingir um patamar mais elevado e entregar mais valor, para seus consumidores, mas também para toda a humanidade, amparando suas necessidades ao mesmo tempo em que melhora o mundo e a sociedade onde todos vivemos. Marcas regenerativas se preocupam em atender nossos desejos mais profundos. Marcas regenerativas não ouvem, elas sentem. Marcas regenerativas não pesquisam, refletem. Esse *approach* mais humano permite a criação de produtos, serviços e experiências realmente indispensáveis na vida das pessoas – que hoje prezam por essa mentalidade mais cidadã e valorizam marcas com a coragem de desafiar o estado errôneo das coisas. No meio de tanto desafio e incerteza, fica a convicção sobre o otimismo e o poder das marcas regenerativas. Listo aqui alguns exemplos que têm inspirado um grande movimento de marcas regenerativas no mercado: Ben & Jerry's, Rotys, Seventh Generation, Dove, Chocotony, The Body Shop, Warby Parker, Chobani, Mãe Terra, entre outras. Para uma marca regenerativa, sucesso sem integridade é sinônimo de fracasso.

No Brasil, a Humanizadas (https://humanizadas.com/), uma agência de Ratings ESG e Inteligência de Dados para um mundo mais ético, humano, consciente, sustentável e inovador, elabora uma minuciosa pesquisa anual e em 2022 estudou 198 empresas brasileiras, entrevistando mais de 44 mil de seus *stakeholders*. Dentre elas, 87 mostraram que trabalham continuamente para gerar a satisfação de todos os *stakeholders* – clientes, funcionários, fornecedores e comunidades –, em vez de priorizar só acionistas, conquistando um rating BBB e sendo consideradas as "melhores para o Brasil". Dentre elas merecem destaque a Gerdau, a Reserva, o Magazine Luiza, a Dengo, a Natura, o Boticário, a Arezzo, entre outras.

Inspirado em Paul Polman e citando alguns de seus pensamentos, finalizo este capítulo com a seguinte mensagem:

As marcas regenerativas passam da escuta passiva para a percepção ativa das verdades humanas mais profundas e das tensões dinâmicas que definem nossas vidas reais. As marcas regenerativas ouvem e honram a lacuna entre as promessas da marca e as experiências vividas. As marcas regenerativas vão além da pesquisa do consumidor para refletir sobre o papel que desempenham em todas as vidas que tocam. As marcas regenerativas não observam apenas as pessoas que atendem e as comunidades em que operam, elas veem o mundo através de seus olhos e agem em relação às suas necessidades, ansiedades e aspirações mais verdadeiras. As marcas regenerativas acreditam que o que falta ao mundo agora é qualquer coisa que apoie a inclusão e a reciprocidade, dentro e fora da organização. A conscientização permite que uma marca regenerativa crie novos produtos, serviços e experiências que proporcionam conexão significativa, fidelidade à marca e valor indispensável na vida das pessoas. As empresas que conseguirem se direcionar para a conexão entre os seres humanos irão florescer, e aquelas que se concentram apenas em sua própria ocupação técnica irão desaparecer.

Se quer saber se está no caminho certo, faça a seguinte pergunta:

HOJE **VIVO** EM UM **MUNDO MELHOR** **PELO FATO** DE **MINHA MARCA** OU — **EMPRESA EXISTIR?**

Quais são seus planos para regenerar sua marca?

1. _____

2. _____

3. _____

dicas de **cidadania** e
marketing na **era** do **propósito**

CAPÍTULO **10**

*P*rocurei ao longo deste livro dar um panorama geral sobre os desafios da sociedade, das empresas, dos cidadãos e especificamente do marketing na era do propósito.

Discorremos sobre movimentos de generosidade, causas, empreendedorismo social, ESG, marcas regenerativas, Geração C, *purposewashing, social impact marketing*, mas, principalmente, sobre agentes de mudança. Os chamados *changemakers* estão trabalhando juntos para redefinir nossa cultura e nossa sociedade, inspirando outras pessoas a assumir uma postura protagonista e agir de forma determinante na transformação do mundo caótico onde vivemos. Espero que você, ao terminar a leitura, confie que tem tudo para se tornar um *changemaker* – se ainda não for.

Ficou claro que está na hora da ação, que investimentos em propósito são tão ou mais necessários para a sobrevivência de seu negócio que investimentos em Inteligência Artificial. Estamos em uma contagem regressiva e nosso prazo para mudar já passou do limite aceitável. Precisamos transformar o propósito em uma obsessão. Precisamos entender que o propósito necessita ser simples e atingível. Precisamos deixar nosso propósito brotar e explorar o poder de marcas e empresas consolidadas para iniciar um grande e definitivo processo de regeneração e redefinição de valores éticos, morais e de comportamentos dignos da era do propósito. Ou seja, chega de blá-blá-blá!

Em minhas palestras e papos com clientes, parceiros e colaboradores, exploro conceitos que me ajudaram no processo de regeneração e na construção do meu papel como profissional de marketing e como cidadão. Geralmente inicio com uma grande inspiração que me acompanha desde o começo de minha carreira: Walt Disney, um deus do marketing e do entretenimento. Participei de um curso na Disney University logo que me formei e entendi o poder e o significado de agir não só como um *dreamer* [sonhador] mas principalmente como um *doer* [fazedor] quando se tem um propósito. Disney obviamente foi um *dreamer*, um visionário que percebeu a importância de encantar pessoas utilizando-se de armas poderosas como a magia e a empatia. Mas diferentemente de muitos sonhadores que fracassam ao tentar colocar suas ideias em prática, ele se agarrou a seu propósito com resiliência e culto aos detalhes para provar que "tudo é possível". Construiu um megaimpério que inspirou e inspira o mundo até hoje. Profissionais de marketing, ousem sonhar, sejam *dreamers*. Tudo é viável, ousem sugar o seio da impossibilidade. Confiem em seu poder de *doers* para ajudar na transformação de que a humanidade tanto necessita.

A **QUESTÃO ATUAL** NÃO É **MAIS PENSAR** FORA DA **CAIXA;** O **MOMENTO PEDE** A **DESTRUIÇÃO** TOTAL DAS C A I X A S

Quando pensamos a respeito desse processo de transição para a era do propósito, precisamos encará-lo como uma megamorfose. Sei que essa expressão nem existe no dicionário, mas acredito que qualquer ideia sobre mudança e transformação precisa parecer incorreta ou mesmo ridícula em seu início. A questão atual não é mais pensar fora da caixa; o momento pede a destruição total das caixas. A megamorfose demanda mudança de hábitos. Adote um comportamento regenerativo. Elimine seus vícios com autenticidade e transparência. A megamorfose exige uma migração do individualismo para uma interconexão (por isso mesmo adotei como visão de minha empresa o "You, to the power of us!"). Mesmo atos solo raramente são mesmo solo. A megamorfose nos desafia a abraçar a turbulência. Qualquer turbulência é assustadora, mas, conhecedores de que os choques são inevitáveis, aumentamos nossa resiliência, nossa capacidade de adaptação, e assim prosperamos.

A megamorfose é sobre a criação de movimentos baseados em empatia e diversidade. As marcas estão perdendo a confiança do consumidor porque estão focadas na construção de momentos, e não movimentos. Para isso, abuse do poder do *storytelling* e do entretenimento. Reverencie os *pop stars* do propósito, seus projetos e suas ideias inspiradoras. Produza conteúdos relevantes. Encontre seu nicho e entenda os anseios da comunidade ao seu redor. O coletivo transformando toda a jornada em uma experiência singular. Esse *mindset* será vital para atrair a atenção dos *stakeholders* e para a coexistência de marcas e empresas com suas rotinas tanto profissionais como de redes sociais, chats, games, séries, passeio com cachorro, ajuda na lição do filho etc. Seja amigo do futuro, atreva-se a reinventar o seu modelo de negócio. Adote o mantra "Pessoas com propósito prosperam, marcas com propósito crescem e empresas com propósito duram".

Gosto também de colocar uma lente de aumento sobre características pessoais importantes para todo profissional, principalmente os da área de marketing, na busca por excelência. Por vivermos na era do propósito, estes atributos se fazem ainda mais fundamentais. Estes são os meus 8 Fs:

Focado – O marketing tem se tornado uma disciplina cada vez mais complexa e poderosa. Dado o impacto e a grandiosidade de suas ações e campanhas, não é incomum a perda de foco no meio do processo. Na era do propósito, o comprometimento com o objetivo ampliado de respeito à diversidade, sustentabilidade e transformação cultural devem ser constantes e inegociáveis.

Feeling oriented – Com o volume de informações e dados disponíveis, muitas decisões nas empresas são meramente técnicas e frias. Em um ambiente mais empático e em regeneração, o peso da intuição e do chamado *gut feeling* tem valor ímpar para o desenvolvimento de um marketing inovador e mais plural e inclusivo.

Flexível – Vivemos em um mundo com vários *layers* de crenças coexistindo. Devemos utilizar o marketing para expandir pontos de vista, agregar ideias, harmonizar relações. A polarização já se mostrou, ao longo da história, ser um veneno para a humanidade. A empatia e uma mente aberta e flexível são valiosos trunfos para profissionais da área de marketing.

Firme – Flexível não é sinônimo de fraco. O marketing da era do propósito deve ser desenvolvido por quem busca o protagonismo. As dificuldades serão muitas e não se pode desistir ou cansar no meio do caminho. É preciso ter mente aberta, porém, postura firme e comportamentos que garantam a continuidade da transformação cultural.

Fuçador – O profissional de marketing deve estar sempre plugado no que é de vanguarda. Leia, estude, converse, discuta, pesquise, viaje, vivencie novas e diversas experiências.

Se aprofunde e busque fontes de informação idôneas e diversas. Não se deixe levar apenas pelo TikTok e suas câmaras de eco. Só um comportamento de aprendizado constante levará a um marketing que atenda às necessidades latentes da sociedade. O vício da *snack culture* pode transformar nossas ações em *purposewashing*.

Formador – Já foi o tempo em que um profissional de marketing usava todo seu talento e criatividade exclusivamente para ser um vendedor. Na era do propósito, o compromisso é bem maior. Um formador se preocupa em ensinar, engajar, inspirar, educar, transformar. É um processo trabalhoso, muito extenuante e servil, mas de recompensas incomensuráveis.

Feliz – Vivemos cercados de tragédias sociais, humanitárias e climáticas. O profissional de marketing deve ser um otimista por natureza. Para que suas campanhas tenham os resultados necessários, a felicidade deve imperar. Fui da época em que se cultuava a frase "O sucesso é ser feliz". Nunca gostei muito de seu enfoque. Prefiro: "Seja feliz". O sucesso será a óbvia consequência. Sempre prefira enxergar o copo meio cheio e não meio vazio!

Fera – Para audiências mais descontraídas e onde já percebi um tom de informalidade, uso um termo mais forte, mas para um livro poderia soar mal-educado e de baixo calão. O profissional de marketing deve ter o *punch* necessário para fazer história; lutar para ser lembrado como parte do time que promoveu a transformação cultural e salvou a humanidade de um fim trágico, por meio de um marketing potente, inspirador, regenerativo e regado a muito propósito.

Como já mencionado anteriormente, minha geração venerou uma cultura tóxica nos negócios e nas organizações. Somente profissionais com os 8 Fs poderão construir um marketing no qual essa mentalidade sórdida seja dizimada e substituída por uma altruísta e utópica que, aos poucos, se transforme no novo padrão vigente, no novo *status quo*.

Fico imaginando meus bisnetos e tataranetos abrindo uma cápsula do tempo e encontrando uma edição deste livro. Espero que, diferentemente de minha geração, que viveu maravilhas em termos de desenvolvimento tecnológico, porém pecou na questão da empatia, da compaixão, da solidariedade, do respeito, da paz e do propósito, as gerações futuras experimentem uma sensação de *déjà-vu* ao se depararem com as ideias e os conceitos apresentados aqui. Será que venceremos esse desafio? Será que conseguiremos nos regenerar? Será que salvaremos nosso planeta da extinção? Será que emplacaremos uma sociedade mais inclusiva, justa e igualitária? A natureza nos ensina muito e outro sábio ditado inspirado nela é o de que "Na vida a gente colhe exatamente o que a gente planta e cultiva". O futuro está nas nossas mãos.

Chega de blá-blá-blá e bom trabalho!

Como dizia Júlio César antes de uma grande batalha: "*Alea jacta est!*". A sorte está lançada... Aprendi essa frase na minha infância lendo *Asterix*, uma de minhas historias em quadrinho favoritas.

PESSOAS COM **PROPÓSITO** PROSPERAM, **MARCAS** COM **PROPÓSITO** CRESCEM E **EMPRESAS** COM **PROPÓSITO** DURAM —

Quais são seus planos para se tornar um *changemaker*?

1. _____

2. _____

3. _____

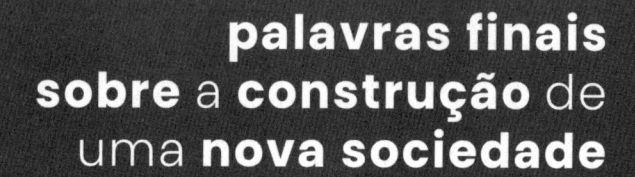

**palavras finais
sobre a construção de
uma nova sociedade**

Quando toda a riqueza gerada e o conhecimento acumulado no mundo estiverem trabalhando a serviço de um bem maior, nossas vidas serão mais belas, plenas e felizes. Estaremos construindo e vivendo em uma nova sociedade!

Para fazer sua parte nesse processo, uma das maneiras mais admiráveis é pela filantropia. A filantropia deveria funcionar como nosso carma, o conceito hindu que virou referência em nossa cultura e afirma que a intenção e as ações de um indivíduo (a causa) influenciam seu futuro (os efeitos). A filantropia não apenas tem o poder de elevar a sociedade como também de aproximar o ser humano do seu eu superior. Um dos grandes segredos para viver de forma plena está no prazer em retribuir, na sensação positiva que sentimos ao contribuir para o bem-estar dos outros, de nossas comunidades e do mundo em geral. Prazer no mero ato de se doar sem buscar algum ganho ou retorno.

Erroneamente temos a impressão de que filantropos são só aqueles poucos privilegiados financeiramente que se dispõem a doar parte de seus recursos para os necessitados e para causas e projetos sociais. Mas, se você é alguém que usa tempo, experiência, talento, carinho e palavras para fazer a diferença na vida dos outros e sente a realização que vem de atos altruístas de bondade, você pode se considerar um filantropo. Filantropos mais renomados têm amplos recursos à sua disposição e oportunidades quase ilimitadas para ajudar os outros. Porém, você, mesmo não dispondo das mesmas condições, ainda tem a possibilidade de causar impacto positivo nas pessoas e no mundo. "O dinheiro sequestrou a filantropia", ensina Kevin L. Brown, uma das pessoas que sigo no Linkedin sobre o tema filantropia. Assim, se não é possível doar bens ou dinheiro, certamente é possível doar tempo, habilidades e amor ao próximo.

Tenho o imenso prazer de conviver com grandes filantropos desse tipo, que são exemplos de nobreza de caráter, generosidade e compaixão: Rogerio dos Santos, Roberto Blasbalg, Persio Dangot, Nelson Wolosker, Philippe Rosset, Tito Dias, Teca Arantes, Paulão Castro, Gabriel Halaban, Sérgio Wolosker e Natércia Tiba. O mundo é um lugar melhor por vocês existirem.

O significado de ser um verdadeiro filantropo não é o dinheiro, mas a compaixão e a redistribuição. Aprendi que o ato de doar é um **exercício de enriquecimento**. É um dos comportamentos mais importantes para **transformar uma mentalidade de escassez em uma mentalidade de abundância**. Pessoas felizes, realizadas e com senso de compaixão prosperam e têm o poder de construir uma nova sociedade.

Vivo uma vida regenerada que considero autêntica, empática e cidadã. No entanto, como qualquer um, além de sucessos, acumulo decepções e fracassos, mas que nunca me fizeram desviar de meus valores, minhas crenças, minha ética e meu propósito. Tenho um pensamento que considero reconfortante, embora alguns achem um pouco macabro. Almejo, em meu leito de morte, estar me sentindo completamente realizado, feliz pela minha vida e legado, assim pronto para sorrir e cantarolar "My way", do Frank Sinatra (*I did it my way!*) – melodia e letra que sempre me movem e que, com certeza, integram a minha lista de top 10 de todos os tempos.

Toda renda proveniente dos direitos autorais deste livro será doada e revertida para o Projeto Gaia (www.projetogaia.com.br).

I
DID IT
MY
WAY

—

Compartilhando propósitos e conectando pessoas
Visite nosso site e fique por dentro dos nossos lançamentos:
www.novoseculo.com.br

facebook/novoseculoeditora
@novoseculoeditora
@NovoSeculo
novo século editora

grupnovoseculo.com.br

1º edição Janeiro 2024
Tiragem 3.000 exemplares
Fonte: Crimson